The HOUSE of the BROTHERHOOD of BLACKHEADS

TALLINN

MUSTPEADE MAJA

Juhan Maiste

MUSTPEADE
MAJA

TALLINN

Tallinn · Kunst · 1995

Juhan Maiste

The HOUSE
of the BROTHERHOOD
# of BLACKHEADS

T A L L I N N

Tallinn · Kunst · 1995

Kujundanud
TIIU ALLIKVEE

Põhiteksti tõlge inglise keelde:
HANNA-HELENA MAISTE

Ingliskeelse osa toimetanud
ja pildiallkirjad tõlkinud
MART ARU

Fotod:
PEETER SIRGE, PEETER SÄRE,
TOOMAS KOHV, REIN KÄRNER,
JUHAN MAISTE *ja autori arhiiv*

Toimetanud
TIIU VIIRAND

*Kaldkirjas lõikudes peatükkide alguses
on kasutatud ürikuid Mustpeade vennas-
konna arhiivist (peamiselt F. Amelungi ja
G. Wrangelli järgi), raedokumente Tallinna
Linnaarhiivist, publitseeritud allikaid
raamatutest: "Liv-, est- und kurländisches
Urkundenbuch" (Riga–Moskau 1905);
Balthasar Russowi "Liivimaa kroonika".*

*The passages in italics are excerpts from
the following sources: "Liv-, est- und kur-
ländisches Urkundebuch" (Riga – Moskau,
1905); Balthasar Russow's "Livonian
Chronicle"; documents from the archives
of the Brotherhood of the Blackheads (mainly
after F. Amelung, G. Wrangel – Geschichte
der Revaler Schwarzenhäupter); documents
of the Tallinn Town Council from the
Tallinn Town Archives.*

ISBN 5-89920-097-9
© "Kunst", 1995
Tallinna Raamatutrükikoda

House of the Blackheads.
Lithograph by Julius Friedrich Tempeltey after drawing by Theodor Gehlhaar (1805–1871). 1850s.
Mustpeade maja.
Julius Friedrich Tempeltey litograafia Theodor Gehlhaari (1805–1871) joonistuse järgi.
1850. aastad.

Kes olid Tallinna mustpead?

Et mustpead olid hästi Jumalat teeninud, otsustas Dominiiklaste ordu Taani prior 1460. aastal anda neile benefiitsi ning lasta vendade eest pidada hingepalveid kogu laial alal Taanimaast Rootsi ja Norrani. 1478. aastal said mustpead Dominiiklaste ordu kõrgmeistrilt endalt veelgi suurema benefiitsi. Nüüdsest palvetati Tallinna kaupmeeste eest kõigis ordu enam kui tuhandes kloostris Euroopast Aafrika ja Aasiani, Compostelast Liibanonini.

Musta Mauri pea Mustpeade maja peaukse lünetil.
Head of the Black Moor in the lunette above the main door of the Blackheads' House.

Who were the Blackheads
of Tallinn?

The Blackheads had been serv-
ing the Lord well, and in 1460 the Danish prior of the Order of St.
Dominic decided to grant them a benefice, and to hold masses for the
brothers in the vast territory ranging from Denmark to Sweden and
Norway. In 1478 the Blackheads received an even larger benefice
from the Grand Master of the Order – from now on prayers were
said for the merchants of Tallinn in all of the over one thousand
monasteries of the Order: from Europe to Africa and Asia, and from
Compostela to Lebanon.

Mustpeade vennaskonna maja 400 aasta juubeli vapp. 1931. TLM.
Arms of the Quadricentennial of the Blackheads House. 1931. Tallinn Town Museum.

Tallinna mustpead olid kuulsad mehed. Vennaskonna maja keskaegse Tallinna ühel rahvarohkemal, sadamast Toompea linnuseni viival Pikal tänaval oli linnas üks uhkemaid. Selle peaportaali ehtivat neegerpühak Mauritiuse kuju võis pidada omamoodi hansalinna sümboliks. Mustpäid tunti ja austati. Tarvitses vaid vendadel kusagil Londonis, Novgorodis, Brügges või Bergenis – just nende hansakontorite vapid ehivad Mustpeade maja tänaseni – avada suu ja mainida oma vennaskonna nime, kui oli selge, kellega tegemist ja kust võõrad pärit. Mustpeade kodumaaks oli Vana-Liivimaa, s.o. tänaseni peamiselt Eesti- ja Lätimaana tuntud ala, mida kunagi igiammu peeti kusagil kauges idas asuvaks metsikuks maaks.

Kes nad siis õieti olid, need kuulsad Tallinna mustpead? Miks kaitses sissepääsu nende majja sõdur ja usukannataja, Rooma Teeba leegionär Mauritius, kes ohverdamisele rooma jumalatele eelistas vabasurma mõõga läbi. See toimus 287. a. Šveitsis Sankt Moritzi linna juures. 513. a. ehitati Mauritiuse arvatavale hukkamispaigale klooster. Ligemale pooltuhat aastat hiljem viis Püha Rooma Riigi keiser Otto Suur (912–973) usukannataja oletatavad säilmed Magdeburgi, kus teda sestpeale hakati austama kui linna patrooni. Sõdurpühakust pidasid lugu ka 11. saj. Euroopast liikvele läinud ristisõdijad. Üks viimaseid ristiretki tõi põhiliselt Põhja- ja Lääne-Saksamaa alalt pärinevad mungad, rüütlid ja kaupmehed Liivimaale, paika, mille paavst Celestinus III oli 1193. a. pühitsenud Neitsi Maarjale. Mauritiusest sai kaitsepühak kogu itta suunduvale koloniaalekspeditsioonile. Musta Mauri lipu all võitlesid Teutooni ordu

rüütlid oma viimast lahingut leedulaste vastu 1410. a. Grunwaldis. Eestis oli Mauritiusele pühitsetud Haljala kindluskirik.

1200. a. asutas piiskop Albert Riia linna. 1219 vallutas eestlaste muistse kantsi Lindanise (s.o. hilisema Tallinna Toompea)

St. Erasmus and St. Maurice,
by Matthias Grünewald (1470/80–1528).
1524-25. Munich, Alte Pinakothek.

Matthias Grünewald (1470/80–1528).
Püha Erasmus ja Püha Mauritius. 1524–1525.
München, Alte Pinakothek.

The Blackheads with St. George,
one of their patron saints, and the dragon.
Bench end, 1561. Tallinn Town Museum. →

Mustpead ja üks nende kaitsepatroone
Püha Jüri lohega.
Pingitugi. 1561. Tallinna Linnamuuseum. →

The Tallinn Blackheads were famous men. The house of their Brotherhood in Pikk Street, one of the most crowded streets of medieval Tallinn, leading from the harbour to the Toompea citadel, was one of the best in town. The figure of the black saint Maurice decorating their main portal could be regarded as a kind of symbol of the Hansa town. The Blackheads were known and honoured. It was enough for the brothers just to mention the name of their Brotherhood anywhere in London, Novgorod, Brugge or Bergen, Hansa stations whose coats-of-arms decorate the Blackheads' house until this day for everyone to know who they were or where they came from. The Blackheads' native country was Old Livonia, i.e. the region today known as Estonia and Latvia, which in those distant times was considered to be a savage land in the remote east.

Who were they, those famous Blackheads of Tallinn? Why was entrance to the Brotherhood building protected by the soldier and martyr, Rome's Theban legionary, Maurice, who preferred volutary death by sword to sacrifice to Roman gods? It took place in 287 in Switzerland, near the town of St. Moritz. In 513 a convent was built in the very place where Maurice is presumed to have been executed. About five hundred years later Otto the Great (912–973), the Holy Roman Emperor, took the martyr's presumed reliquiae to Magdeburg, where Maurice has been honoured ever since as the town's patron. The soldier saint was also honoured by the crusaders who emerged in Europe in the 11th century. One of the last crusades brought numbers of monks, crusaders and merchants, mainly from Northern and Western Germany, to Livonia – a land dedicated to the Virgin Mary by Pope Celestine III in 1193. Maurice became the patron saint for the entire colonial expedition heading east. Under the flag of the Black Moor the Knights of the Teutonic Order fought their last battle against the Lithuanians in 1410 in Tannenberg. In Estonia, the fortified church of Haljala has been consecrated to St. Maurice.

In 1200 Bishop Albert founded the city of Riga. In 1219 King Waldemar II of Denmark conquered Lindanise, an ancient fort of the Estonians (later Tallinn's Toompea). A new era began in the local peoples' history. However, it took another

Kes olid Tallinna mustpead?

Taani kuningas Valdemar II. Siinsete rah-
vaste ajaloos algas uus ajajärk. Võttis siiski
veel paar aastasada, enne kui lõplikult
ühineti Euroopa, selle võimu- ja vaimukor-
raldusega (alistuti sellele).

Esialgu oli sel maal kõik kuidagi karmim
kui mujal. Esimesed kirikudki ehitati kind-
lustena. Noor ja suhteliselt õbluke tulnukate
kiht elas piltlikult öeldes rist või kaalud
ühes, mõõk teises käes. Sõbrad olid kau-
gel. Hädaoht varitses kõikjal – olgu siis lae-
vateel Hansa pealinnast Lübeckist Tallinna
või veelgi enam põhiliselt reeteega ette
võetud retkedel Novgorodi kaubahoovini.

Ei ole siis ka mingi ime, et kaupmehed
Liivimaal valisid oma kaitsjaks sama
pühaku kui rüütlid – turvises, kilbi ja mõõ-
gaga Mauritiuse. Kõige enne ühinesid
Mauritiuse lipu alla ordu- ja piiskopilin-
nustes majanduselu korraldanud tallivenn-
nad (sks. k. *Stallbrüder*). Võimalik, et just

*Some of the most important Guild houses in
Tallinn: those of the Brotherhood of the Black-
heads, St. Olaf's and St. Canute's Guilds.
Early 20th-century photograph.*

*Tallinna tähtsamaid gildimaju: Mustpeade
maja, Püha Olavi ja Püha Kanuti gildi hooned.
Foto 20. sajandi algusest.*

*House of the Blackheads. View of the rear
of the building in Pühavaimu Street.
Windows of the Big Hall at second floor level.*

*Mustpeade maja. Vaade hoone tagaküljele
Pühavaimu tänavalt. Suure saali aknad on
kolmandal korrusel.*

House of the Blackheads. Façade. 1597–1600 →

Mustpeade maja esifassaad. 1597–1600. →

*Kneeling Blackheads. From an epitaph of the Blackheads by Lambert Glandorf, 1561.
On display in the Kiek in de Kök tower.*

*Lambert Glandorf. Põlvitavad mustpead Mustpeade vennaskonna epitaafilt. 1561.
Kiek in de Köki torn-muuseum.*

couple of hundred years before they finally became part of Europe, submitting to its power and spiritual organization.

At first everything in this country was harsher than elsewhere. Even the first churches were built as fortresses. The young and fairly thin layer of aliens lived, so to say, "the cross or the scales in one hand, the sword in the other". Friends were far away. Danger lurked everywhere: on the shipping lanes from Lübeck, the Hansa mother town, to Tallinn, and even more so on trips taken, mostly by sledge, to the trading settlement of Novgorod.

Therefore it is no wonder that the Livonian merchants chose the patron saint of the knights, Maurice who had worn a suit of armour, a shield and a sword, to be their patron. First of all if was the stable brothers (German *Stallbrüder*), managers of the economic life of burg of the Bishop and the Order, who gathered under the flag of St. Maurice. It is possible that the name by which the Brotherhood came to be known in later years has been derived from them.

In Tallinn the first report of the Brotherhood of the Blackheads dates from 1399 when it separated from the Children's, or the Great, Guild. According to legend the secessionists were merchants from Bremen, Antwerp, Brugge and Bergen, temporarily residing in Tallinn. In Riga the history of the Blackheads goes back to 1416. The Brotherhood had its own houses also in Pärnu and Tartu – altogether in more than twenty towns of Old Livonia. No Brotherhoods of the Blackheads were founded in other parts of Northern Europe or in other Hanseatic towns, though there is a mention of them in Novgorod. Most probably these were foreigners who had arrived at its German trading station. Much later, only in the 17th century, a Brotherhood of the Blackheads was founded in Wismar.

The Blackheads in Tallinn, Riga, etc. are in a way exceptional. At a time when everything, or almost everything, came from the west, the Brotherhood was from the very beginning a child of Old Livonia. Here, on its own at the edge of the world, it grew in size and strength. The Blackheads mediated Europe and its centuries-old culture to the new trading towns and simultaneously, represented their distant but rich periphery to Europe.

A brotherhood similar to the Blackheads can be found in another huge colonial territory – Prussia. There are reports of the work of St. George's brothers in Stralsund, Rostock, etc. since the 14th century. There, too, the merchants served simultaneously as soldiers, and even considered themselves knights of the court of the legendary King Arthur. During the Middle Ages the so-called Arthurian courts in Königsberg and Danzig were truly rich, filled to the brim with art and more art; hotbeds of German culture and spirit in foreign environment. On one occasion, also the Blackheads' House in Riga has been called an "Arthurian court".

Side by side with other professional organizations, the Blackheads had a distinct place in the town and its life. Unlike the Great Guild, to which a rich merchant belonged because of his professional duties and the impossibility to practice trade or craft outside a guild, the Brotherhood was entirely optional. At the outset, the Broth-

13

neilt pärineb ka vennaskonna hilisem nimi.

Tallinnas on Mustpeade vennaskonnast esmakordselt teateid 1399. aastast, mil nad eraldusid Laste- ehk Suurgildist. Pärimuse järgi olid lahkulöönud Breemenist, Antverpenist, Brüggest ja Bergenist ajutiselt Tallinna asunud kaupmehed. Riia mustpeade ajalugu algab aastaga 1416. Vennaskonnal olid oma majad veel Pärnus ja Tartus – ühtekokku rohkem kui paarikümnes Vana-Liivimaa linnas. Mujal Põhja-Euroopas ja hansalinnades Mustpeade vennaskondi ei asutatud – korra kuuleme mustpeadest küll Novgorodis. Nähtavasti oli tegemist sealsesse saksa kaubahoovi sisserännanutega. Palju hiljem – alles 17. saj. – asutati Mustpeade vennaskond Wismaris.

Mustpead Tallinnas, Riias jm. on erandlik nähtus. Ajal, mil kõik või peaaegu kõik tuli läänest, oli vennaskond juba algselt seotud Vana-Liivimaaga. Siin, eraldatuna maailma piiril see kosus ja kasvas.

Uutele kaubalinnadele vahendasid mustpead Euroopat ja selle sajanditevanust kultuuri, esindades samal ajal Euroopale n.-ö. ürgbaltiliku nähtusena sajandist sajandisse üha muutuvat ja arenevat kauget, kuid rikast ääremaad.

Mustpeadele lähedase vennaskonna leiame teisel suurel koloniaalalal – Preisimaal. Püha Georgi (Püha Jüri) vendade tegevusest Stralsundis, Rostockis jm. on teateid juba alates 14. sajandist. Sealgi olid kaupmehed ühtaegu ka sõjamehed ning pidasid end koguni legendaarse kuningas Arturi õukonna rüütliteks. Nn. Arturi õued Königsbergis ja Danzigis olid keskajal tõeliselt rikkad, täis kunsti ja veel kord kunsti, nad olid saksa kultuuri ja vaimu esindajaks valdavalt muukeelses ja -meelses ümb-

ruskonnas. Ühtaegu on ”Arturi õueks” kutsutud ka Riia Mustpeade maja.

Teiste kutsealaste organisatsioonide kõrval kuulus mustpeadele eriline koht linnas ja selle elus. Erinevalt Suurgildist, kuhu rikas kaupmees kuulus juba oma ametikohustuste, keskajal üldlevinud tsunftisunduse tõttu, oli vennaskond puhtalt vabatahtlik. Esialgu ühinesid Mustpeade vennaskonna kaitsva tiiva alla peamiselt välismaalased – s.o. võõrsilt saabunud kaupmehed, kes sügiseste kurjade ilmadega jäid sadamatesse ootama uut kevadet ja uue laevasõiduhooaja algust. Vennaskonna liikmeks olek oli eelkõige au- ja kohusetunde küsimus; mälestusena kunagistest aegadest võis vendade elus nendel varajastel sajanditel leida veel jälgi viikingite ja ristisõdijate ürgsest vabadusihast.

Aja möödudes Mustpeade vennaskonna esialgne seisund muutus. Selle liikmeks võis saada ka Tallinnas sündinud ja samas alaliselt elav vallaline mees. Siiski oli ja jäi vennaskond oma olemuselt eksklusiivseks – oma liikmed valis ta üksnes uhkete ja rikaste hulgast. Siia kuulusid kaupmehed, laevaomanikud, reederid, mündrikud – kokku oma paarsada meest, kes üsna range hierarhia kohaselt olid jaotatud vähesteks vanemateks (*ältersten*) ja enamiku moodustanud nooremateks (*jüngsten*).

Mustpead olid täis energiat ja tegutsemisiha. Nad olid alati kohal, kui linnas midagi sündis. Sageli olid nad kogu asja algatajad ja eestvõtjad. Nad olid head kristlased ja head kaupmehed. Mustpeadest kui palju käinud ja näinud meestest võeti eeskuju nii kommetes kui riietuses. Mustpead soosisid kunste. Nad lisasid keskaegsele Tallinnale värvi ja ilu.

erhood of the Blackheads attracted mostly foreigners under its protective wings: these were merchants, who decided to wait for a new spring and a new shipping season when caught up with rough autumn weather in the local ports. Membership in the Brotherhood was above all a question of honour and a sense of duty; in the life of the brothers in these early centuries one could still detect a trace of the primeval call for freedom of the Vikings and the crusaders.

With time the original status of the Brotherhood changed. Single males born and permanently living in Tallinn became eligible for its membership. However, the Brotherhood was and remained by nature an exclusive organization – only the rich and the powerful could become its members. It united merchants, shipowners, bargemen, altogether a couple of hundred men divided into a counted few elders (*ältersten*) and a majority of juniors (*jungsten*), according to its relatively strict hierarchy.

The Blackheads were full of energy and had an appetite for action. They were always present when something was going on in town. Often they were the initiators and leaders of the entire event. They were good Christians and good merchants. Since the Blackheads had travelled widely and seen a great deal they were followed in their customs as well as in their clothing. The Blackheads favoured art, and added colour and beauty to medieval Tallinn.

St. Maurice and the small coat of arms of Tallinn from the painting, St. Nicholas Saving A Merchant Ship from Distress, on the main altar in St. Nicholas' Church.

Püha Mauritius ja Tallinna väike vapp Niguliste kiriku peaaltari maalingult stseeniga "Püha Nikolaus päästab kaupmeeste laeva merehädast".

15

Mustpeade vennaskond rendib maja linna peatänaval

Kui keegi Mustpeade vennaskonna liikmetest Tallinnas suri, asetati ta kallihinnalise baldahhiini alla ning kandes teda sel moel kalmistule, järgnesid teised vennad talle pikas matuserongkäigus. Esmakordselt on baldahhiini kirjalikes allikates mainitud 1426. aastal. See oli kasutusel enam kui sada aastat. Alles 1551. a. ostsid mustpead tollal suure summa – 374 marga eest uue kullaga ehitud linase kanga.

The Brotherhood of the Blackheads rents a main street house

When a member of the Brotherhood of the Blackheads in Tallinn died, his body was placed under a canopy and carried thus to a cemetery, with all the other brothers following in a long funeral procession. The canopy was first mentioned in written sources in 1426, and it was in use for more than a hundred yeras. It was only in 1551 that the Blackheads bought, for 374 marks, a high price at that time, a new linen cloth decorated with gold.

Vennaskonna vapp Mustpeade maja portaalil.
Arms of the Brotherhood on the portal of the Blackheads' House.

Ruumid Pikal tänaval Oleviste gildihoone kõrval soetas Mustpeade vennaskond juba 1406. a. 1407 sai vennaskond Tallinna raelt tegutsemisjuhendi – nn. statuudid, mis paljuski sarnanesid Suurgildi jt. Tallinna gildide skraadega. Maja Pikal tänaval ei ostetud küll esialgu päriseks, vaid üksnes renditi. See aga ei olnudki tähtis. Tähtis oli, et nüüdsest peale oli olemas oma maja – kodu, kus pikkadel talveõhtutel, kui meri oli jääkaane all, võis suviste kaubaretkede järel õllekruusi taga unustada mured ning sõpradega juttu puhuda. Tõsi, esialgu ei olnud vennaskonna maja suur, õieti ei midagi enamat kui tavaline kõrge viiluga kaupmeheelamu. See ta tegelikult ju ka oli. Maja esimene korrus oli mõeldud elamiseks, nagu mujalgi linnas olid siin kaks põhilist ruumi, mida 1406. a. ka eraldi esile tõsteti: külm eeskoda (*Vorhus*) ja soe tuba (*Dorntze*), mida köeti keldrist kuuma õhuga nn. kalorifeerahju abil. Kogu tollane maja mahtus ära praeguse hoone vestibüüli. Viimase taganurgas hiljuti restaureerimistööde käigus leitud ümarkaarne raidportaal viis keldritrepile, kust pääses tollase hansakodaniku kõige salajasemasse ruumi – varakambrisse. Säilinud on ka üks tollase maja väike raidraamis aken. Kunagi valgustas see kaupmehe elutuba (praegu näeme akent kinnimüürituna saali seinas).

Maja, mille Mustpeade vennaskond üüris, oli juba tollal sama lai kui Mustpeade põhimaja tänapäeval. See oli omandus, mis oli välja jagatud juba 13.–14. saj. ning mida kellelgi ei olnud õigust muuta. Pika tänava ääres kerkis kõrge viiluga kaupmeheelamu ja sellest vasakule, sadama poole jääv kangialune, mille kaudu hobukoormad pääsesid kitsale õuele. Sealt sai ümber pööramata edasi mäest alla Pühavaimu tänavale.

Nagu tollal tavaline, kasutati maja ülemisi korruseid algselt vilja- ja kaubalaona (alles hiljem on nende asemele tekkinud saalid jt. esindusruumid). Vili osteti ümbruskonna mõisnikelt ja talupoegadelt kokku sügisel, kui see oli kõige odavam, ning müüdi edasi kevadel, kui pika talve järel oli Balti mere linnades vajadus põhitoidu järele kõige suurem ja vili kõige kallim. Sellepärast olid kaupmehemajad Tallinnas nii suured, palju suuremad kui nende sõsarad Lübeckis või Bergenis, kus meri purjetamiseks aasta läbi lahti ja vajadus ladude järele seetõttu väiksem.

Tallinna kaupmehe elus tähistas sügis pöördepunkti. Kui ilm muutus kurjaks ja meri tormiseks, jäädi paigale. Päeval koguneti gildimajadesse. Mustpeade juures oli pea alati rahvarohke. Kaubahärradele ja vennaskonna liikmetele oli maise paradiisi väravaks Mustpeade maja gooti stiilis raidportaal – praeguse eelkäija, mis leiti kivihaaval lahti võetuna ja siis uuesti hädapärase ehitusmaterjalina kasutatuna üles Mustpeade maja keldris.

Mustpeade maja kujutas endast midagi kaupmeeste börsi sarnast. Siin peeti nõu, kuid mängiti ka täringut või nn. *Dobbeln*'it. Saali nurkades seisid vaadid, sest kuivad kurgud ootasid janu kustutamist. Nn. isaõlu (*vadderner ber*) ja emaõlu (*modderner ber*) tõstsid tuju ja loksusid nii mõnigi kord suurtest tinakannudest, nn. pottidest maha tollal paeplaatidega kaetud põrandale. Seda aga, kes ennast liialt laskis märjukesest kaasa kiskuda, nii et enam jalgadel ei seisnud, ootas ees karistus – nimelt pidi patune ohverdama majale küünalde valmistamiseks terve puuda vaha.

In 1406, the Blackheads acquired premises next to St. Olai's Guild Hall in Pikk Street. In 1407 the Town Council of Tallinn ratified the Blackheads' regulations – the so-called statutes, which to a large extent resembled the charters of the Great Guild and the other guilds of Tallinn. In fact, the house in Pikk Street was, at first, not really bought but only rented. However, this did not matter much. What mattered was that from then on the Brotherhood had its own house – a home, where during the long winter months when the sea was frozen and the summer trade was over, there was a place to sit behind a mug of beer, forget your troubles and chat with friends. At first the house was not big, in fact not much more than the average high-gabled merchant's house. That is what it actually was. The ground floor was meant for living, and just like houses everywhere else in town, it had two main rooms which have been separately mentioned in a 1406 record: a cold antechamber (*Vorhus*), and a warm chamber (*Dorntze*), heated from the cellar by a hot air hypocaust furnace. The entire house could fit into the vestibule of the building of today. A round-arched portal recently found during restoration work in the back corner of the vestibule gave access to the cellar stairs, through which one could enter the most private chamber of a Hansa citizen – the treasury. Also a small window in a sculptured frame dating from those times has been preserved. Once it used to give light into the merchant's living room (at present the window can be seen in the hall, walled up).

The house that the Brotherhood of the Blackheads rented was already then as wide as the Blackheads' main house today. The lot, the shape and size of which no one was permitted to change, had been allocated in the 13th–14th centuries. The high-gabled house was built immediately along the street, and to the left of it a vaulted passage permitted entrance of horse carts into the narrow courtyard, the way out being down the hill into Pühavaimu Street.

As was characteristic of the time the upper floors were originally used as granaries and warehouses (only later were they replaced by halls and assembly rooms). Grain from landlords and peasants was bought in autumn when it was the cheapest, and sold in spring when after a long winter the Baltic Sea cities were in the sharpest need of sustenance, and grain was the most expensive. It was for this reason that the merchant houses in Tallinn were so big, much bigger than similar houses in Lübeck or Bergen, where the sea was open all year round and therefore made the need for warehouses much smaller.

In the life of a Tallinn merchant autumn signified a turning point. When the weather became foul and the sea rough, ships stayed in the harbour. In the daytime the merchants gathered in the guild halls. The Blackheads' house was almost always crowded. For merchants and members Brotherhood alike the Gothic portal of the house became a gate to a paradise on earth. The predecessor of the affair which adorns the facade of the house today was found taken to pieces and then used again as building material in one of the cellars of the house.

The house of the Blackheads resembled a sort of merchant bourse. It was a place to

Porch stone beside the front door of the Blackheads' House, 1575.

Etikukivi Mustpeade maja ees. 1575.

*Porch stone beside
the front door of the
Blackheads' House, 1575.*

*Etikukivi Mustpeade
maja ees. 1575.*

21

Eriti rahvarohkeks muutus majas hilissügisel. Mõnikord juba Püha Lucia päeval (13. detsembril) algasid nn. jõulujoodud, mis kestsid ühtejärge 3–4 nädalat. Sellega tähistati ühtlasi meresõiduhooaja lõppu. Peeti maha vennaskonna suur aastakoosolek – nn. *Steven*. 23. detsembril – Canterbury piiskopi Thomas Becketi mälestuspäeval – koguneti maja ette, kus võeti paaridesse ja seati end ritta pidulikuks tantsuks, et nii ühe ees- ja ühe tagatantsija juhatusel siirduda raekoja ette. Nagu teame kroonik Balthasar Russowilt, olid tantsijatel juba tema nooruse ajal – s.o. 16. saj. algupoolel – kaasas kaks küünaldega ehitud kuusepuud, mille ümber siis raekoja platsil kareldi ja ringmänge mängiti. Seejärel siirdus rongkäik tagasi Mustpeade majja.

Main portal of the old house.
Discovered in the course of restoration work in the 1980s.

Vana maja peaportaal, mis avastati restaureerimise käigus 1980. aastatel.

hold conference but also to play dice or the so-called *Dobbeln*. In the corners of the hall stood barrels, whence beer was drawn to wet thirsty throats. The so-called father beer (*vadderner ber*) and mother beer (*modderner ber*) raised the spirits and was often splashed over the rims of the big pewter tankards, the so-called pots, onto the flagstone floor. Those, however, who indulged too much so they could no longer stand on their feet, were punished: the sinner was asked to give the house a whole pood (36 pounds) of wax for candle-making.

The house grew especially crowded in late autumn. Sometimes the so-called Christmas carousal began already on St. Lucia's Day (13 December) and lasted continuously for 3–4 weeks. This also marked the end of the sailing season. The big yearly meeting of the Brotherhood, the so-called *Steven*, was held on 23 December, the commemoration day of the Bishop of Cantebury, Thomas à Beckett. The brothers assembled in front of the house, arranged themselves into pairs for a festive dance, then proceeded to the Town Hall, with one head and one rear dancer in the lead. As we know from Balthasar Russow's chronicle, in the days of his youth, i. e. at the beginning of the 16th century, the dancers took with them two fir trees decorated with candles, around which they pranced and danced in Town Hall Square. Afterwards the procession returned to the house of the Blackheads.

Hewn portal of the entrance to the treasury in the dornse of the old house.
It led to the most treasured valuables kept in the cellar. Discovered in the course of restoration. Partly restored.

Varakambri raidportaal vana maja dornse's.
Siitkaudu pääses keldrites hoitavate kõige kallimate aareteni.
Avastati restaureerimise käigus. Osaliselt rekonstrueeritud.

Mustpeade vennaskonna maja
1522. aastal

Mustpead võtsid osa linna kõigist tähtsamatest üritustest. Pidulikel protsessioonidel kuulus neile aukoht. 1460. aastal, kui järjekordselt tähistati Issanda Ihu Püha, liikusid rongkäigus hiiglaslikke küünlaid kandes Püha Gertrudi gildi vanemad koos laevnikega, kes tollal linnas viibisid, nende järel Püha Olavi gildi, Püha Kanuti gildi ja Lastegildi liikmed. Kõige lõpus – püha sakramendi ees – sammusid mustpead. Iga aasta 1. mail siirduti linna kaunimate ja julgemate noormeeste seast valitud maikrahvi juhtimisel linnamüüride vahelt välja metsadesse ja aasadele. Kevaditi peeti Rannavärava ees Papagoiaias nn. papagoilaskmisi. Papagoipuu otsa olid riputatud värvilised linnud ehk papagoid, mis hiljem luksuse kasvades koguni üle hõbetati. Mustpeadel oli ka päris oma papagoilaskmise paik Tartu maantee ääres Johannese veski lähedal. Päikesepaisteliste ilmadega proovisid siin silma ja kätt linna noored ja vanad.

Papagoikujuline laskurite kuninga võidumärk. Hõbe. Tallinna töö. 15/16. saj. vahetus. EKM.
Parrot-shaped victory sign of the marksmen's king. Silver. Made in Tallinn, turn of the 15th-16th cc.
Estonian Art Museum.

The House of the Blackheads
in 1522

The Blackheads took part in all the important events of the town. In festive processions they had the place of honour. At the celebration of Corpus Christi in 1460 the procession included the elders of the Guild of St. Gertrud together with the seamen who were in town at the time, all carrying enormous candles; next came members of St. Olaf's Guild, St. Canutus' Guild, and of the Children's Guild. Last, immediately before the holy sacrament, came the Blackheads. Every year on the 1st of May, the Blackheads led by the May Count elected from among the most handsome and bravest young men in town, went out into forests and meadows. In spring the so-called parrot shooting events were held in the Parrot Garden outside the Great Coast Gate. Colourful birds, 'parrots', which later on as riches accumulated were coated with silver, were hung on top of the 'parrot tree'. The Blackheads had also their very own parrot shooting place near St. John's mill by the Tartu road. On a sunny day it was a place for both the young and the old to measure their skills in marksmanship.

The good old times have returned!
Assembly for the May Count festival in front
of the Blackheads' House.

Vanad head ajad tulevad tagasi.
Mustpeade maja ees kogunetakse maikrahvi
pidustustele.

Parrot shooting outside the town wall.
Papagoisid lasti linnamüüri taga.

Stop in Town Hall Square.
Vahepeatus Raekoja platsil.

1500. a. tabas mustpäid õnnetus. Keegi hull süütas põlema nende maja. Peagi oli aga maja jälle korras. 1522. a., kui uuendati üürilepingut maja omaniku, raehärra Johann Viantiga, mainiti selles majas eeskoda kui elutuba, lisaks veel viit kambrit ja üht hansalinnades küll tuntud, Tallinnas aga tollal veel üsna haruldast ruumi – saali (*sal*). Saal asus koja peal teisel korrusel, umbes seal, kus veel praegugi on üks majas olevast kahest saalist.

Mitugi korda aastas kutsuti majja külalisi. Puhuti trompeteid ja põristati trumme. Võis kuulda lautomuusikat. Tantsuks kutsuti daame mõlemast – nii Oleviste kui Niguliste linnakihelkonnast. Tehti kingitusi. Peagi järgnes juba varem kindlaks määratud kavaleri kutse tantsule. Esimene tants oli aeglane, midagi poloneesitaolist, teine kiirem, kolmas lausa tormiline. Tantsijail olid seljas kirevad rõivad, millel sageli üks pool üht, teine teist tooni. Peas kanti baretti. Siin võis loitvate tõrvikute valguses näha viimase Burgundia moe järgi riietatud noorepoolset paari, seal vanahärrat ja tema abikaasat vanaprantsuse kostüümis. Veelgi värvikam ja elavam oli pilt maskeraadide ajal. Tantsu vaheajal pakuti reinveini, Hamburgi õlut, kooke, pähkleid ja apelsine.

Mustpeade vennaskonna maja 1522. aastal

Leopold Pezold (1839–1907). May Count.
A lunette painting in the Great Guild Hall
(Long Street 17).

Leopold Pezold (1839–1907). Maikrahv.
Lünettmaal Tallinna Suurgildi hoones
Pikk tn. 17.

In 1500 the Blackheads suffered a misfortune. A madman set their house on fire. However, it was soon put in order again. In 1522 when the lease with the owner of the house, the alderman Johann Viant, was renewed, the antechamber, was referred to as a living room; in addition to that another five chambers and a hall (sal) quite well known in Hansa towns at the time but not yet in Tallinn. The hall was situated on the first floor over the antechamber, approximately where one of the two halls of the house is situated today.

Guests were invited many times a year. Trumpets were blown, drums rolled, and one could hear the lute playing. Ladies from both the town parishes, those of St. Olaf (Oleviste) and of St. Nicholas (Niguliste), were invited. Presents were given. Soon gallants invited their steadies to dance. The first dance was slow, resembling the polonaise, the second faster, the third almost tempestuous. The dancers wore bright clothes, the two halves of the costume being often in different colours. Berets were the common headgear. In the light of a flaming torch, one could see a young couple dressed in the latest Burgundy fashion, while a little further, an old gentleman and his wife wore Old French costumes. The picture was even more radiant and lively during the masquerades. Rhine wine, Hamburg beer, cakes, nuts and oranges were served during the dance intervals.

A view of the Town Hall Square from the north
around 1830. An example of lithography,
very popular in those days.

Vaade raekoja platsile põhjast umbes 1830.
aastal. Variant tollal levinud litograafiast.

29

Mustpead tellivad altari
Hans Memlingilt Brüggest

24. *detsembril saabus Tallin-*
na jõulurahu. Mustpeade tee viis Dominiiklaste kloostri Katariina
kirikusse. See oli nende kodukirik, teiste Tallinna kirikutega
mustpeadel enne reformatsiooni peaaegu sidemeid polnud. Jõulude
ajal oli selles Tallinna kõige suuremas ja ilusamas kloostris
hingeülendavalt kaunis. Erinevalt Tallinna teise suurema kloostri –
naistsistertslaste Püha Miikaeli kloostri nunnadest, kelle pärisosaks
oli vaesus ja raske õilistav töö, olid nn. mustad mungad rikkad ja
haritud. Dominiiklased soosisid kunste. Mustpeadega sidus neid
ammune sõprus. Vennaste altari ees Maarja kabelis põles "igavesti"
küünal.

The Blackheads Order a New Altar
from Hans Memling of Brugge

O*n 24 December Christmas peace settled on Tallinn. The Blackheads betook themselves to St. Catherine's Church in the Dominican Monastery. This was their home church, and, before the Reformation, the Blackheads had almost no connections with other churches in Tallinn. It was the largest and most beautiful monastery in Tallinn, and Christmas here was breathtakingly splendid. Contrary to the nuns of Tallinn's second largest monastic institution, St. Michael's Cistercian nunnery whose lot was poverty and harsh, ennobling work, the so-called black monks were rich and educated. The Dominicans favoured the arts. A long friendship connected them with the Blackheads and in front of the brothers' altar in the chapel of St. Mary stood an "eternally" burning candle.*

31

1481. a. tellisid mustpead Domi-
niiklaste kloostri Katariina kiriku Maarja ka-
belisse uue Jumalaema altari. Erinevalt
Suurgildi liikmetest, kes samal aastal lep-
pisid uue Niguliste kiriku altari valmista-
mise osas kokku hansagootika pealinna
Lübecki juhtiva meistri Hermen Rodega,
mõlkus mustpeadel meeles Euroopas tärka-
va uue kunsti – renessansi uus särav keskus
Brügge. Mustpead käisid ajaga kaasas, oma
tellimuse esitasid nad tõenäoliselt ei kelle-
legi muule kui Hans Memlingile endale.

Nagu tollal tavaks, ei maalinud vana-
meister kogu tööd ise. Memlingi kätt võib
tunda eelkõige altari tellinud Tallinna
kodanike ja donaatorite – seega siis must-
peade figuurides. Nende portreeliselt indi-
vidualiseeritud näod on edasi antud vir-
tuoosse, nn. flaami realismile iseloomuliku
sametiselt pehme pintslitõmbega. Vaimne
keskendumine seostub meeste pilgus aruku-
sega; nad on kui allegooriliseks kokkuvõt-
teks ajastust, kus alandlikkus on ühendatud
üha kasvava inimväärikusega.

Memlingi kõrval leidsid altari juures
tööd veel teisedki – näiteks Brügges tegut-
senud Lucia legendi meister. Muuseas siir-
dus 1484. a. Brüggesse kuulsa Hans Mem-
lingi juurde end täiendama ka Tallinna ku-
juri ja maalija Clawes van der Sittowi poeg
Michel Sittow – hilisem Hispaania, Inglise
ja Saksa kuningate õuemaalija ning uus täht
tollases kunstitaevas.

1495. a. saabus uus Maarja altar Lübecki
kaudu Tallinna. Nii oli Tallinn astunud veel
ühe sammu lähemale Euroopale.

Praegu võib Mustpeade altarit imetleda
Tallinna Niguliste kirikus, mis on kasutu-
sel keskaegse kunsti muuseumi ja kontser-
disaalina.

Maarja altar. Välistiivad on tõenäoliselt maalinud anonüümne Jakobi kiriku Lucia legendi teemalise altari meister Brüggest. Kujutatud on Maarja kuulutuse hetke; vasakul peaingel Gaabriel liilia-oksaga, paremal Neitsi Maarja.

In 1481 the Blackheads ordered a new altar to the Virgin for the chapel of St. Mary in St. Catherine's Church of the Dominican Monastery. Unlike the Great Guild which commissioned a new altar for St. Nicholas' Church from Hermen Rode of Lübeck, the Blackheads gave their preference to the new art rising in Europe, the Renaissance, and its new brilliant centre, Brugge. The Blackheads kept in step with the times, and their order was probably given to no one other than Hans Memling himself.

As characteristic of the time, the master painter never did the whole picture himself. Memling's hand can be felt most of all in the figures of those Tallinn citizens and donators who ordered the altar, i.e. the Blackheads. Their faces, individualized in a portrait-like manner, have been painted with a masterly, velvety brush characteristic of the so-called Flemish realism. Spiritual concentration in the men's eyes is a reflection of their intelligence; they are like an allegorical summary of a time in which humility was linked with growing dignity.

The altar provided work also to some other craftsmen besides Memling – for example the master of the Lucia legend from Brugge. Incidentally, in 1484 Michel Sittow, son of the Tallinn sculptor and painter, Clawes van der Sittow, went to Brugge to practice in the workshop of Hans Memling himself. Later on, Michel Sittow became court painter in Spain, England and Germany, a new star in the art sky of the period.

In 1495 the new altar to the Virgin arrived via Lübeck in Tallinn. Tallinn had taken yet another step closer to Europe.

St. Mary's altar. The outer wings were probably painted by the anonymous master of the Lucia legend altar of Bruge. The scene is that of the Annunciation; Archangel Gabriel with a lily branch on the left, the Virgin Mary on the right.

Neli maalingutahvlit altari välistiibade sisekülgedel ja sisetiibade väliskülgedel on temaatiliselt seotud. Vasakul näeme Neitsi Maarjat koos põlvitavate mustpeadega. Nende eest kostes pöördub Maarja Kristuse poole, kes omakorda edastab palve Jumal-Isale. Mustpead on võtnud oma kaitse alla Ristija Johannes paremal.

The four panels on the insides of the outer wings and the outsides of the inner wings are thematically connected. On the left we can see the Virgin Mary together with kneeling Blackheads.
Praying for them, Mary addresses Christ, who in turn forwards the prayer to the God Father.
Protection to the Blackheads is also being extended by John the Baptist on the right.

1495 paigutati mustpeade tellitud suur kahe tiivapaariga triptühhon Dominiiklaste kloostri Katariina kiriku Maarja kabelisse. 1524. aastast oli altar Mustpeade majas. Praegu kaunistab altar Niguliste kirikut. Selle keskmisel tahvlil näeme troonivat madonnat Kristus-lapsega süles. Temast kahele poole jäävad Mustpeade vennaskonna patroonid Püha Jüri ja Püha Viktor. Sisetiibade sisekülgedel on kujutatud Püha Franciscust ja Püha Gertrudi.

In 1495 the large triptych with two pairs of wings was mounted in St. Mary's chapel of the Dominican Monastery church, St. Catherine's. In 1524 the altar was moved to the Blackheads' House. At present the altar adorns St. Nicholas' church. Its central tablet depicts the Madonna enthroned, the Infant Jesus in her lap. Flanking her are St. George and St. Victor, the Blackheads' patron saints. The insides of the wings depict St. Franciscus and St. Gertrud.

Renessanss Mustpeade majas.
Suur saal

14. *septembril 1524 tungis mustades munkades, ordumeistris ja raes pettunud rahvahulk sisse Dominiiklaste kloostrisse ja kirikusse. Tallinna oli jõudnud reformatsioon. Pildirüüste käigus purustati, hävitati ja põletati altareid ja pühapilte... Purustamata jäi Niguliste kirik, mille lukud kiriku eestseisja oli tina täis valanud. Juba varem oli osa Dominiiklaste kloostri varandusest toodud varjule raekotta. Pääses ka Maarja altar, mille mustpead olid samuti varju toimetanud. Sestpeale hoidsid vennad altarit oma Pika tänava majas. Riia Mustpeade altar sealses Katariina kirikus aga purustati pildirüüste ajal.*

Model of a sailing ship. It originally hung from the ceiling of the large vestibule. 17th c. Tallinn Town Museum. – Purjelaeva mudel, rippus algselt suure vestibüüli laes. 17. saj. TLM

Renaissance
in the House of the Blackheads.
The Great Hall

O*n 14 September 1524 a crowd disillusioned in the black monks, the Order masters and the Town Council pushed its way into the Dominican Monastery and its church. The Reformation had reached Tallinn. During the iconoclastic movement, altars and sacred pictures were smashed, destroyed and burnt.... St. Nicholas' was the only church left undamaged because its locks had been filled with lead by the church elder. Already in advance, some of the riches of the Dominican Monastery had been removed and hidden in the Town Hall. The altar to the Virgin which the Blackheads had hidden, was also saved. From then on the brothers kept the altar in their house in Pikk Street. However, the altar of the Riga Blackheads in St. Catherine's Church in Riga was destroyed during the iconoclastic movement.*

Renessanss Mustpeade majas. Suur saal

Koos reformatsiooniga jõudis linna uus aeg. Selle esimesi hiilivaid samme võime tajuda vana hansalinna tänavatel, kaupmeheelamute kõrgeviiluliste fassaadide taga, gildihoonete saalides juba 15. ja 16. saj. vahetusel – seega siis paljude naabermaadega võrreldes üllatavalt vara. Üleminek uuele stiilile ei läinud aga kaugeltki libedalt. Olid ju suured kivimajad kaitsemüüride vahele surutud linnas saanud valmis sajand või enamgi tagasi. Nad valitsesid tänavapilti, olid n.-ö. füüsiliselt olemas, nende lõhkumine või ulatuslik ümberehitamine oleks olnud ebamõistlikult kallis.

Unustada ei tohi ka traditsioonide jõudu. Pidev hädaoht merelt ja maalt, sajandeid kestnud hirm langeda vaenlase äkkrünnaku ohvriks olid kasvatanud inimestes alalhoidlikkuse tunnet. Sügavamaid muudatusi pigem kardeti kui oodati. Nii nagu mitmetes teistes Balti mere linnades on renessansil Tallinnas täita pigem kaupmeheuhkuse ja kodaniku ollatahtmise dekoratiivne roll kui peegeldada sügavamaid hingelisi vajadusi ning maailmavaatelisi tõekspidamisi.

Erandi moodustavad mustpead. Nad olid esimesed, kes julgesid esitada väljakutse valitsevale kunstimaitsele. Nad murdsid traditsiooni ning kahtluste ja kõhkluste kiuste valisid uue. Kõik sai alguse 1531. a. Siis ostsid vennad maja Johann Viantilt päriseks. Ja ehkki perekonnal säilis õigusi kinnisvara suhtes veel kaua aega hiljemgi – nende vapid pidid rippuma maja seinal mustpeade embleemide kõrval ning neid ei tohtinud ei maha võtta ega kinni katta –, alustati juba samal aastal suurte muudatustega. Vana maja oli kavas nagu kord ja kohus välja ehitada (*tho gude buwen, na*

Mustpeade maja suur hall (kuni 1531. a. ümberehituseni suur tuba või dornse). Uks tagaplaanil avaneb juurdeehitatud vennaskonna saali. Foto 1920. aastatest.

The Big Hall in the Blackheads' House (until the rebuilding of 1531 the big room, or the dornse). The door in the background leads into the Brotherhood Hall added as an extension. A 1920s photograph.

The Reformation brought with it a new era. Its first sneaking steps could be felt in the streets of the old Hansa town, behind the high-gabled facades of merchant houses, in the guild halls, already at the turn of the 15th and 16th centuries – surprisingly early in comparison with some neighbouring countries. Yet the transition to a new style was far from easy. Squeezed tight into the narrow space within the town walls, the stone houses had been erected a century or more ago. They dominated the street scene, they were so to speak physically there, and to demolish them or to rebuild them thoroughly would have been foolishly expensive.

At this point one must not forget the power of traditions. Constant threat from the sea and the land, centuries-long fear of being caught a victim in an enemy's surprise attack, had increased the feeling of conservatism. Deeper changes were feared rather than looked foward to. Just as in many other towns on the Baltic Sea, the Renaissance in Tallinn had a decorative role of demonstrating merchant pride and the craving for "style", rather than reflecting the deeper need of the soul or statements concerning the world view.

The Blackheads were an exception. They were the first who dared to challenge the prevailing art trend. They broke the tradition and in spite of hesitation and uncertainty chose the new. It all started in 1531 when the brothers bought the house of Johann Viant. The family retained some of its rights to the property for quite a long time – their coats of arms hung on the wall next to the emblems of the Blackheads, and were not allowed to be taken down or cov-

Renessanss Mustpeade majas. Suur saal

The lavatory, or the wash stand.
Entering from the yard or the stables one could
immediately wash hands.

*Lavatoorium ehk kätepesunõu.
Õuelt ja hobuste juurest majja siseneja sai selle
kohal pesta käed.*

dusser wijsse). Alustada tuli vana dornse (*older dörnitze*) kordaseadmisega moel, nagu üks õige dornse olema peab. Ruumi oli ette nähtud valmistada paneelid, pingid, kirstud ja kapid, mis tuli omakorda kaunistada sobivate kroonide ja igasuguste raudpanustega. Et majas oli must ja suitsune, siis oli vaja teha uus korsten (*Pipaue*).

Suurimaks tööks oli uue saali ehitamine Pühavaimu tänava äärsete aitade asemele. Selleks tuli vana dornse – s.o. kunagise kaupmeheelamu elutuba ära lõhkuda (*de olde dornitze soll mann breten*). Kogu linna ja vennaskonna auks oli kavas katta saal piilaritele toetuvate tähtvõlvidega (*mit tralyen gehowen sternen pylern*).

Võlvituna oleks Mustpeade maja uus piduruum kujunenud vähemalt sama uhkeks kui saalid raekojas, Suurgildi või Oleviste gildi hoonetes. Need ruumid olid aga valminud juba ligemale sada aastat varem. Nii ongi mustpead mingil ajavahemikul loobunud oma esialgsest kavatsusest. Miks? Vaevalt, et küsimus oli rahas. Pigem oli põhjus muutunud kunstimaitses. Käinud ja näinud meestele oli saanud selgeks, mis on teoksil Saksamaal, Poolas või Flandrias, milliseid muudatusi on teinud läbi Euroopa kunstikaart. Tollaste kuningapaleede ja aadli luksusresidentside eeskujul tehti ruum sileda laega – gootika kõrgussepürgimise asemel valitseb Tallinna Mustpeade saalis rahu ja tasakaal. Ruum on täis valgust ja veel kord valgust. Keskaegse müstika asemel leiame õhule ja päikesele avatud maailma. Paistab sinine taevas, hommikusära kumab vastu punastes ja mustades toonides maalitud aknapõskedel... Ühtäkki võib end tunda kusagil kaugel, kas Assisis või Firenzes – Itaalias.

42

ered up – but major changes were initiated by the Blackheads that same year. The building of the old house was planned to be property completed (*tho gude buwen, na dusser wijsse*). The work was to begin with the rebuilding of the old dornse into one looking like a dornse should be. The new room was designed to have panels, stools, chests and cupboards, each of which was to be decorated with the appropriate crowns and various metalwork. Since the house was dirty and sooty, it also needed a new chimney (*Pipaue*).

The biggest work was the construction of a new hall, to replace the granaries along Pühavaimu Street. For that purpose, the old dornse, i.e. the former living room of the merchant's house, had to be demolished (*de older dornitze soll mann breten*). In honour of the brothers and the whole town it was planned to cover the hall with star vaults supported by pillars (*mit tralyen gehowen sternen pylern*).

The vaulted assembly room of the house would have been just as grand as the halls of the Town Hall, the Great Guild and St. Olaf's Guild. But these rooms had been built nearly a hundred years ago. So at some point in time the Blackheads gave up their original plan. Why? It is hardly possible that the question could have been money. A much more realistic reason would be a change in the taste for art. The Blackheads were men who had travelled and seen a great deal, and knew what was happening in Germany, Poland or Flanders, or what had taken place on the European art map. Following the fashion of the time's royal palaces and residences of the nobility, the room was given a plain ceiling; instead of

Ship model. A favourite object of room decoration both for the Blackheads as well as merchants in other Baltic towns.
Ship models were hung in several places in the Blackheads' House.

Laeva makett oli mustpeadele nii nagu mitmetele teistelegi Läänemere linnade kaupmeestele eriti südamelähedane ruumide kaunistamisel. Vennaskonna majas rippus laevakujutisi mitmel pool.

Renessanss Mustpeade majas. Suur saal

*Mustpeade maja saal 1908. aastal.
Komme riputada piduruumi seinale selle maa-
ilma vägevate portreid sai alguse juba 17. saj.
Mustpeade pildigalerii oli esimesi selliseid
Tallinnas. Tavaliselt kaunistasid kaupmeeste
maju siiski mitte kuningate, vaid esivanemate
portreed (näiteks Hueckide perekonna majas
Lai tn. 29).*

*Four fluted columns supported the ceiling
of the Big Hall. One of the coloumns carries
the chiselled date 1532, indicating the year
when the hall was completed. In the course
of restoration in the early 20th century
the columns were removed. Some of them were
used as supports for the balcony. A new date,
1908, to mark the year of the reconstruction,
was hewn into the capital of one of the old
columns.*

*Mustpeade maja suure saali lage toetasid neli
kanneluuridega sammast. Ühel samba-
kapiteelidest on sisse tahutud aastaarv 1532.
Siis sai saal valmis. Restaureerimise käigus
20. sajandi algul sambad eemaldati. Osa neist
kasutati ära rõdutugedena. Üks vanadest
kapiteelidest sai uue saali rekonstrueerimist
tähistava aastaarvu 1908.*

The Brotherhood Hall in 1908.
The tradition of hanging portraits of the power-
ful on the walls of festive rooms was born in the
17th century. The Blackheads' picture gallery
was one of the first in Tallinn. Usually, mer-
chants' houses were decorated not by royal
portraits but by ancestors' pictures
(e.g. in the Huecks' House at 29 Lai Street).

The Big Hall has large windows.
The abundance of light symbolizes the victory
of the Renaissance. Although the artist has used
the traditional Gothic colours of black and red
in the ornamentation of the window jambs,
its pattern refers to the beginning of a new era.

Mustpeade maja suurel saalil on suured aknad.
Valguse võidus võib tunda renessansi võitu.
Ehkki aknapõskede maalimisel on kunstnik
kasutanud gooti ajal traditsioonilisi toone –
punast ja musta, viitab ornament uue ajastu
algusele.

Mustpeade maja suur saal. Ehitati 1531–1532 ja oli esimesi renessanss-stiilis ruume Baltimaades.

The Big Hall, built 1531-32. It was one of the first Renaissance-style halls in the Baltic countries.

Suure ruumi lagi toetati piilaritele. Enne suurt rekonstrueerimist aastail 1909–1911 võis neil leida mitmeid Piiblist võetud õpetlikke tekste. Pigem saabuva humanismiajastu moraliseerivas laadis kui tõelisele jumalakartlikkusele kutsuval viisil hoiatati neis liigse suupruukimise ning söögis ja joogis liialdamise eest... Koos Jumala kohtumõistmise meenutamisega pakuti võimalust õiglaseks enesekaitseks. Meenuvad Erasmuse õpetlikud read. Meenub Põhjamaade usupuhastuse prohvet ja humanist Agricola.

Keskaegsele Tallinnale iseloomuliku ruumikitsikuse taustal mõjub Mustpeade vennaskonna saal erakordselt suure ja avarana. Sellise ruumi kättevõitmine ei olnud kerge. Osteti juurde Pühavaimu tänava äärsed aidad, igipõliseid krundipiire rikkudes ühendati need vennaskonna vana majaga ning ehitati ümber. Nii on ilu selles linnas sündinud tihtipeale vastu tavasid ja tabusid, nagu poolvägisi.

Esimeselt korruselt majja sisenedes jõuame saali, astume üle selle Pühavaimu tänava poolsete akendeni ja meid tabab üllatus – ühtäkki oleme kolmandal korrusel linna kohal, vaatame otsekui alla kaevu. Kummaline, kuid tõsi, Tallinn on rajatud küngastele. Võib-olla on ka see üks põhjusi, miks mitte alati ei valitsenud selles kaupmehetarkusest läbi imbunud linnas kaine ja tasane meel.

Mustpeade saal ripuks nagu õhus linna kohal. Keldrites toetub ta suurtele kaartele, taas kipud unustama, kus viibid. Meenuvad õued ja arkaadid Verona või Rooma patriitsielamuis. Kohe-kohe etendub "Romeo ja Julia".

Siseõu Mustpeade majas.
Asub keldri tasapinnal ja toetab oma tugeva keskpiilari ja kahe võimsa kaarega vennaskonna suurt saali. Ehitati aastail 1531–1532.
Algselt pääses õuele hobuveokitega. Pika tänava kaaravast jõuti hobust ümber pööramata välja tublisti madalamale jäävale Pühavaimu tänavale.

Basement-level inner yard in the Blackheads' House. Its powerful central pillar and two strong arches provide support for the Big Hall. It was built in 1531-32. Initially horse-drawn vehicles, entering through an archway in Pikk Street, could pass through here and exit into Pühavaimu Street considerably below Pikk Street level, with no need to turn around.

the high vaults of Gothic, the hall of the Blackheads' House in Tallinn was governed by balance and peace. The room was filled with light, and instead of the mysticism of the Middle Ages we find in it worlds open to sunshine and air. We can see the blue sky, and the morning light is reflected on the window jambs painted with reds and blacks.... All of a sudden one feels far away, in Assisi or Florence, Italy.

The ceiling of the large room was supported on pillars. Before the major reconstruction of 1909–1911, one could find on them many instructive texts from the Bible. Written more in the slightly moralizing tone of the humanist era than with the aim of creating earnest exhortations to piety, they contained a warning against empty words, and excess eating and drinking.... Means of righteous self-defense were offered together with a reminder of God's judgement. Instructive lines by Erasmus come to mind, as do lines by the Nordic Reformation prophet and humanist, Agricola.

On the background of the lack of space characteristic of medieval Tallinn, the hall of the Brotherhood of the Blackheads feels especially large and spacious. It was not easy to obtain a room like this. The granaries in Pühavaimu Street were bought and connected to the Brotherhood's old property – even though this meant overstepping the ancient land borders – and later on rebuilt. Beauty in this town has often been born in opposition to customs and taboos, almost half forcibly.

When we enter the house on the ground floor we enter the hall, then walk up to the windows on the Pühavaimu Street side, and freeze in surprise – all of a sudden we are

Siseõu. Selle arhitektuuri on mõjustanud renessanss.

Inner yard. Its architecture has been influenced by the Renaissance.

Renessanss Mustpeade majas. Suur saal

1531/32. aastaga olid mustpead astunud uude ajastusse. Nende uus suur saal on esimene terviklik renessanssruum mitte ainult Tallinnas või Eestis, vaid Baltimaades üldse.

Kaared ja eri tasapindadel trepid ei ole just sage nähtus Tallinna kaupmeheelamus. Soe lõunamaa päike jäi ikkagi liiga kaugele. Seda enam paneb imestama Mustpeade maja õu. Ühtäkki tunned end nagu Veronas. Veel hetk ja etendub "Romeo ja Julia".

on the second floor, and the town spreads below us as if in a well. Maybe it is because Tallinn was founded on top of small hills that the town was not always ruled by merchant sapience, and has often lacked a sober and steady frame of mind.

The hall of the Blackheads seems to hang above the town as if in mid-air. In the basements it is supported on large arches, and once again you forget where you are,

being reminded of the yards and the arcades of patrician houses in Verona and Rome. A performance of Romeo and Juliet is about to begin.

The years 1531/32 ushered the Blackheads in to a new era. Their new hall was the first Renaissance room to be completed not only in Tallinn or Estonia but also in the whole of the Baltics.

Arches and stairways at different levels are not frequent in Tallinn merchants' houses. For that, the place was too far in the north from the warm southern sun. This makes the Blackheads' inner yard all the more remarkable. It makes you feel like in Verona, and you expect Romeo and Juliette to appear any moment.

Uus aeg vanas majas.
Mustpeade vennaskonna maja ehitab ümber Arent Passer
1597–1600

K*ui ta Läänemaalt tagasi oli tulnud, näitas end venelane oma salgaga ka Tallinna all ja lõi oma leeri üles Harku mõisas, poolteist penikoormat linnast eemal. Siis ruttasid tallinlased, aadlikud ja mitteaadlikud, raehärrad ja kodanikud, sellid, sõdurid ja lihtrahvas kõik kokku ratsa ja jala varahommikul välja ja võtsid kaks haubitsat kaasa... Siis lõid tallinlased üsna palju venelastest maha ning võtsid ära kogu saagi... Peagi pidid aga tallinlased venelaste arvukuse tõttu taganema. Ja ehkki venelased tallinlaste vapruse üle imestasid ja laususid: "Tallinlased peavad hullud või viina täis olema, et nad nii vähese rahvaga nii suurele väele söandavad vastu hakata", jäi sõjaväljale mõnigi uhke kangelane aadlist ning kaubasellidest. Nagu kirjutas kroonik Balthasar Russow, juhtus see kõik 11. septembril 1560. aastal. Mustpeade ratsasalgas langenute auks püstitati ümber Tallinna monumendid.*

A New Time in the Old House. The Blackheads' House is Reconstructed by Arent Passer, 1597–1600

U*pon his return from West Estonia, a Russian squad appeared at Tallinn and set up camp near Harku manor, about one and a half miles from town. Then the people of Tallinn, nobles and commoners, aldermen and citizens, journeymen, soldiers and simple people, all rushed out on horseback and on foot, in the early morning, and took two howitzers with them.... Then the people of Tallinn killed many of the Russians and took away all their loot.... Soon, however, the people of Tallinn had to retreat because of the great number of the Russians. And although the Russians considered Tallinn's courage to be amazing, and said, "Those people of Tallinn have to be crazy or drunk to stand up so few to such a big army", many of the great heros, nobles or journeymen, were left on the battlefield. According to the chronicler Balthasar Russow it all happened on 11 September 1560. In honour of those who fell in the Blackheads' cavalry troop, monuments were erected around Tallinn.*

1561. aastal maalis Tallinna kunstnik Lambert Glandorf epitaafi, millel võib näha 11. septembril 1560. aastal Pärnu maantee ääres toimunud lahingut ning lugeda seal kümne langenud mustpea nime. Tagaplaanil võib esimest korda üldse näha tükikest Tallinna linnast koos Oleviste kiriku ja linnamüüriga.

Mustpeade epitaaf (Lambert Glandorf, 1561). Asub Kiek in de Köki torn-muuseumi seinal.

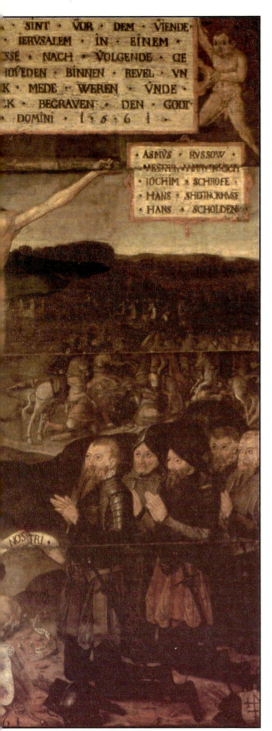

In 1561 the Tallinn artist Lambert Glandorf painted an epitaph with a scene of the battle of 11 September 1560 by the Pärnu road and the names of the ten fallen Blackheads. On the background, a part of Tallinn together with St. Olai's Church and the town wall appears for the first time.

Epitaph of the Blackheads
(by Lambert Glandorf, 1561) on the wall
of the Kiek in de Kök cannon-tower.

57

1558. a. alanud Liivi sõda muutis Baltimaade ajaloos palju. Venemaa, kes sõja valla päästis, ei saanud selle lõppedes midagi. Vana-Liivimaa jagati põhiliselt Poola ja Rootsi vahel. Tallinn alistus juunis 1561 Rootsi kuningale Erik XIV-le. Poliitiliste muudatustega koos muutus ka kultuuripilt. 1562. a. saabus Stockholmist Tallinna Toompeale ordulinnuse ümberehitusi juhtima arhitekt, kunstnik ja fortifikatsioonimeister Anders Larson Målare. 1583. a. algas Poolast tulnud meistrite Antoniuse ja Johannese juhtimisel samas Toompea linnuses renessansspalee ehitus.

Uus aeg ei jätnud puudutamata ka mustpäid. Oma maja ümberehituse idee oli vendadel meeles mõlkunud juba 1573. a. Aasta aasta järel laekusid selleks annetustena rahad. 1596 alustati materjalide kokkuostuga. 1597. a. 4. jaanuaril sõlmiti leping mustpeade ja Tartu müürseppmeistri Hans Luttigki vahel, milles viimane kohustus järgmiseks suveks vennaskonna maja viilumüürid üles ehitama viisil, et neile saab peale teha katuse. Kirjaoskamatuna joonistas Luttigk dokumendile alla oma meistrimärgi.

Viilu mudeli või projekti tegi Tallinna tolle aja kõige kuulsam ehitusmeister Arent Passer (*Arent dem Stenhawer Ehm gegenen dat he ein Schampellun machede, darmen den gewell Na Buwede*). Tallinnas oli see viil oma kurvleva räästajoone ja kaunite voluutidega midagi ennenägematut. Tõsi, voluutfrontooni mõtles välja Alberti (Santa Maria Novella kirik Firenzes 1470). 16. saj. kasutati seda vanade gooti majade ümberehitamisel ohtrasti Saksamaal. Madalmaades – Brügges, Brüsselis, Antverpenis muutus see 16. saj. lõpul tänavapildi

lahutamatuks, et mitte öelda kohustuslikuks osaks.

Nii tõi Passer arhitektina vanasse hansalinna kaasa Euroopa suuremate kunstilinnade hõngu. Ta oli arhitekt ja skulptor.

Esmakordselt kuuleme temast siis, kui otsitakse meistrit, kellele võiks usaldada kuulsa väepealiku ja Narva vallutaja, 1585. a. surnud Pontus de la Gardie ja tema abikaasa Sophia Gyllenhielmi (kuningas Johann III tütre) sarkofaagi valmistamise. Monument pidi leidma koha Tallinna toomkirikus. Paraku oli sõda katkestanud senise kunstitraditsiooni. Vanu meistreid enam polnud. Uusi ei olnud veel tulnud.

Teravalt tõusis küsimus päevakorda 1588. a., kui kuningas tegi ettevalmistusi reisiks Tallinna. Johann III kirjutas: "Samuti tuleb kadunud isand Pontuse haud enne meie sinnatulekut hoolsasti kaunistada, eriti võõraste pärast, kes sinna ilmuvad." Tallinna-poolse kutse ja tellimuse võttis vastu Danzigi kiviraidur ja arhitekt Arent Passer. 24. augustil 1589 nõustus ta "isand Pontus de la Gardiae hauakivi, epitaafi ja selle juurde kuuluvate piltide ja kujude valmistamisega patrooni kuju järgi".

Tallinna saabudes oli Passer veel noor mees. Koolituse oli ta saanud Antverpenis, võimalik, et kuulsa Cornelis Florise enda juures. Tallinna võis teda soovitada peamiselt Stockholmis tegutsenud Wilhelm Boy. Erinevalt paljudest teistest, kellele hansalinn oli vaid ajutiseks peatuspaigaks, tuli Passer siia, et jääda – ja seda vaatamata isegi pealinn Stockholmi kõige kõrgematele kutsetele 48 aasta jooksul kuni meistri surmani. 1599. aastast on Passer kiviraidurite tsunfti vanem. Rüütli tänaval ehitas ta maja aadlik Tiesenhausenile (1600), Viru tänaval

Thus wrote the chronicler Balthasar Russow about the Tallinn Blackheads. The Livonian War which begun in 1558 changed many things in the history of the Baltic countries. Russia, who had started the war, gained nothing in the end. Old Livonia was divided up mainly between Poland and Sweden. In 1561 Tallinn surrendered to the Swedish King, Eric XIV. Together with political changes also the cultural picture changed. In 1562, the architect, painter and fortifications expert Anders Larson Målare arrived from Stockholm in Tallinn's Toompea to direct the reconstruction of the Order citadel. In 1583 the building of a Renaissance palace was begun there by the masters Antonius and Johannes from Poland.

The new era also affected the Blackheads. The brothers had been meaning to rebuild their house already since 1573. Year after year money was collected for it by means of donations. In 1596 the purchase of building materials began. On 4 January 1597, a contract was made between the Blackheads and the Tartu master mason, Hans Luttigk, by which the latter undertook the building of the gable walls of the Brotherhood house in such a way that a roof could be built on them. Being illiterate, Luttigk signed the document by drawing his trademark.

The model or drawing of the gable was made by the most renowned master builder in Tallinn, Arent Passer (*Arent dem Stenhawer Ehm gegenen dat he ein Schampellun machede, darmen den gewell Na Buwede.*). That gable with its curving outline and beautiful volutes was something which had been never seen in Tallinn before. True, the volute pediment was an invention of Alberti's (the Church of Santa Maria Novella in Florence, 1470). During the 16th century, it became a wide-spread feature in Germany in the reconstruction of old Gothic houses. In the Netherlands – Brugge, Brussels, Antwerp – it became an inseparable, if not an obligatory, part of the street scene. So Passer brought the breath of major European art cities to the old Hansa town. He was both an architect and a sculptor.

We hear of him for the first time when a craftsman is sought, to whom the building of the sarcophagus of the famous army leader and conqueror of Narva, Pontus de la Gardie (died in 1585) and his wife Sophia Gyllenhielm (the daughter of King Johan III) could be trusted. The monument was to be placed in Tallinn's St. Mary's Cathedral. The war had interrupted the former art tradition. The old craftsmen were no longer available, and new ones had not yet emerged in their place.

The question became especially acute in 1588 when the King was planning a trip to Tallinn. Johan III wrote, "Before our arrival, the grave of lord Pontus has to be nicely dressed, particularly because of the visitors who are coming." The work was undertaken by the stonemason and architect Arent Passer of Danzig. On 24 August 1589 he agreed to "make a tombstone and epitaph for the lord Pontus de la Gardie with all the sculptures and figures after the patron's likeness".

Passer was still a young man when he came to Tallinn. His training had been in Antwerp, possibly received under the famous Cornelis Floris himself. His refer-

Uus aeg vanas majas

"Salvator Mundi"
Mustpeade maja
fassaadi viilul.

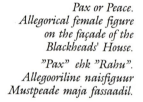

Salvator Mundi on
the gable of the
Blackheads' House.

Justitia or Justice.
Allegorical female figure
on the façade of the
Blackheads' House.

"Justitia" ehk "Õiglus".
Allegooriline naisfiguur
Mustpeade maja fassaadil.

Pax or Peace.
Allegorical female figure
on the façade of the
Blackheads' House.

"Pax" ehk "Rahu".
Allegooriline naisfiguur
Mustpeade maja fassaadil.

Lion mask and ram mask.
Lõvimask ja jääramask.

Knights at tournament.
Rüütlid turniiril.

Sigismund Wasa (1566-1632), King of Poland and temporarily also of Sweden,
and his consort, Queen Anne.
Poola ja ajuti ka Rootsimaa kuningas Sigismund III (1566–1632)
ja tema abikaasa, kuninganna Anna.

61

*Façade of the House of the Blackheads.
The basic idea of its picture programme
is the world model of the Renaissance man,
Homo universalis.*

*Mustpeade maja fassaad.
Pildiprogrammi algideena on leidnud
kajastamist renessansiajastu inimese –
homo universalis'e maailmamudel.*

*The main portal of the House of the Blackheads
has been executed in the style characteristic
of Cornelis Floris. The date, 1597, refers to the
beginning of building.*

*Mustpeade maja peaportaal on läbi viidud
Cornelis Florisele omases stiilis. Aastaarv 1597
viitab maja ehitamise algusele.*

The front door of the House of the Blackheads
was made by Berend Geistmann, a woodcarver
of Dutch descent. Original paint has survived
on the inner side of the door.

*Mustpeade maja peaukse valmistas
Madalmaade päritoluga puunikerdaja
Berend Geistmann. Ukse siseküljel on säilinud
esialgsed maalingud.*

Jacob de la Gardie palee (1631, hävinud). Kalamaja-nimelises eeslinnas asunud töökojas valmisid tal tollase kõrg- ja teenistusaadli uhked hauamonumendid kirikutesse.

Tallinna kunstiajaloos on Passer terve omaette epohh. Ta on uue manerismiajastu ja nn. Madalmaade dekorativismi prohvet ja õieti ainus täisküps esindaja Eestis.

Mustpeade vennaskonna hoonet tänaseni ehtivate skulptuuride loomisel olid Passeril abiks tema kolm selli. Kujud raiuti valmis Kalamaja töökojas. Viilu tippu kunagi ehtinud tuulteroos (*Thinn Appell*) on kahjuks hävinud. Selle all võib näha Kristust maailma valitsejana (*Salvator Mundi*) ja kaht allegoorilist naisfiguuri (*Justitia* ja *Pax* – Õiglus ja Rahu). Mõlemad jumalataridest on töödeldud õrna, tsiseleeringuga sarnaneva modelleeringuga – nende kerged rõivad varjavad vaevu keha, figuurides endis on midagi hermafrodiitset. Samasugused sirged ja nõtked Jan Gossaerti laadis maneristlikud naisekujud leiame juba isand Pontuse hauamonumendi kenotaafilt.

Passer on puhtavereline madalmaalane. Mustpeade maja pildiprogrammi loomisel inspireeris teda nähtavasti Antverpeni raekoda – Cornelis Florise peateos, mis on lähedane Tallinna kõige uhkemale renessansmajale nii hingelt kui vormilt. Mõlema hoone puhul on algideena leidnud kajastamist renessansiajastu inimese – *homo universalis*'e maailmamudel. Kristuse asemel leiame Antverpenis küll Maarja lapsega. Samad on aga naisfiguurid.

Antverpeni raekoja ehitamist alustati 1564. a. Uue moe järgi märgiti see daatum otse esiseinale. Tallinna Mustpeade maja portaalil on aastaarv 1597. Nii palju – pisut enam siis kui kolmkümmend aastat, võttis

uue stiili ja moe viimase sõna jõudmine kaugele ääremaale. Sest ärgem unustagem – Vana-Liivimaad, mis oli liitunud vahetult Euroopale ja mis asus Hansa pealinnast ja Flandria kunstikeskustest vaid paari nädala laevatee kaugusel, ei olnud enam olemas. Vahepeale oli jäänud sõda ja häving. Kõik tuli luua uuesti või peaaegu uuesti.

16. saj. lõpus elati Tallinnas paljuski möödunud hiilgeaegade mälestustest. Mustpeadestki kujunes nüüd enam seltskondlik ja kultuuriline, vähem linna poliitilises ja majanduselus aktiivselt kaasa lööv organisatsioon. Vaba kaubalinna valitsesid nüüd võõrad kuningad. Lõplikult olid möödas ajad, mil Raekoja platsil kohtusid turniirivõitlustes, tõsi küll tömpide odadega, maavalitsejad, Harju- ja Virumaa vasallid ning linna au ja uhkus – Mustpeade vennaskonna liikmed. Nii kuuluvad kaks ratsarüütli figuuri niisamuti kui kunagiste hansakontorite vapidki Mustpeade renessanss-arhitektuuri vaimus tsoonideks jagatud fassaadil sisuliselt minevikku. Rüütlite alt võib lugeda: "*Helf godt alle Zeidt.*" Selleski avaldub veel keskaeg. 16. saj. lõpu Tallinnas ei olnud neil hansaembleemidel enam sisulist kohta ega kaalu. Seevastu on vennaskonna maja peaportaal välja peetud manerismi jõulistes vormides. Portaali kroonib *aedicula*-kujuline ehisplaat Florise stiilis keerubikuju ja Vredemann de Vriesi laadis pealisornamendiga. Uhket neegripead tahvli keskel toetavad kaks tagajalgadele tõusnud lõvikuju. Florise vaselõigetelt – sellest tollase renessansplastika *commune bonum*'ist pärinevad ka maja üht horisontaalfriisi kaunistavad lõvipead ja rippuvate põskedega maskid.

Peaportaali külgedele on asetatud kaks

ences for the commission of Tallinn are likely to have been given by Wilhelm Boy who worked in Stockholm. Unlike many others for whom Tallinn was just a temporary stop, Passer came here to stay – in spite of repeated invitations from the highest quarters in Stockholm during 48 years, until the craftsman's death. From 1599 Passer became the elder of the stonemasons' guild. In Rüütli Street, he built a house for the Tiesenhausens (1600), in Viru Street, the palace of Jacob de la Gardie (1631, destroyed). In his workshop he also made the proud tombstones for the nobility and life peers which were placed in churches.

In the art history of Tallinn Passer forms an epoch of his own. He is the prophet of mannerism and the so-called Dutch decorativism, and almost the only mature representative of those trends in Estonia.

During the birth of the sculptures that decorate the house of the Blackheads until today Passer had three journeymen working under his command. The figures were cut in his Kalamaja workshop. Unfortunately the Wind Rose (*Thinn Appell*) that once used to decorate the top of the gable, has perished. Beneath the latter we can see Christ pictured as the ruler of the world (*Salvator Mundi*) and two allegorical female figures (*Justitia* and *Pax* – "Justice" and "Peace"). Both of the goddesses have been modelled in a soft manner resembling chasing – their thin clothes hardly cover up the body, the figures themselves – both the body and the expression – contain something hermaphroditic. The same erect and mannerist female figures in the style of Jan Gossaert can be found on the cenotaph of lord Pontus de la Gardie.

In his art Passer is a pure Dutchman. For him the likely source of inspiration, in creating the picture series of the house of the Blackheads, was the Town Hall of Antwerp – the main work of Cornelis Floris, which is similar both in soul and in form to this most splendid Renaissance house in Tallinn. In both cases the preliminary idea has been reflection of the world view of man – *homo universalis* in the Renaissance period. However, in Antwerp the Virgin with Child replaces Christ. Yet the female figures are the same.

The building of the Town Hall of Antwerp was begun in 1564. According to a new fashion, that date was marked directly on the facade. The portal of the house of the Blackheads bears the date of 1597. This – a little more than thirty years – was the time span for the latest fashion and style to reach the distant periphery from the metropolis. Because we must not forget that Old Livonia which used to be an immediate part of Europe, lying only a two weeks' ship voyage away from the Hansa capital and the art centres of Flanders, no longer existed. Meanwhile, there had been war and destruction. Everything had to be started from scrach or almost from scratch.

At the end of the 16th century Tallinn seemed to subsist on the memories of its former times of glory. The Blackheads now evolved into an organization that was more active socially and culturally than politically or economically. What had been a free trading town became to be governed by foreign kings. Those times when the governors, the vassals of the Harju (Harjumaa) and Viru (Virumaa) counties, and the Blackheads, the honour and pride of the

Volute in the pediment
of the House of the Blackheads.
Voluut Mustpeade maja frontoonilt.

A merchant's house at 40, Fischerstrasse,
in Elbing, Germany.
Notice the similarity with the House of the
Blackheads in Tallinn.

Kaupmehemaja Elbingis, Fischerstrasse 40.
Sarnaneb Mustpeade majaga Tallinnas.

Chiesa della Santa Maria Novella
in Florence, 1456-70.
Here Leon Battista Alberti first used
the voluted pediment.

Santa Maria Novella kirik Firenzes.
1456–1470.
Siin kasutas Leon Battista Alberti
esmakordselt voluutfrontooni.

Scuola Grande di San Marco in Venice.
Built after the fire of 1485.
(Pietro Lombardo, Mauro Coducci).

Scuola Grande di San Marco Veneetsias.
Ehitatud pärast 1485. aasta tulekahju.
(Pietro Lombardo, Mauro Coducci).

Antwerp Town Hall,
by Cornelis Floris, 1565.

Antverpeni raekoda.
(Cornelis Floris, 1565).

town, met at tournaments, fighting with blunt spears, were gone for good. So also the figures of two knights and the coats of arms of the one time Hansa stations on the facade of the zoned Renaissance facade of the Blackheads' house belonged to the past. Below the knights was the inscription, *"Helf godt alle Zeidt"*. This, too, is a sign of the Middle Ages. At the end of the 16th century these Hansa emblems no longer had any real meaning or weight. The main portal of the Brotherhood's house, however, was executed in powerful manneristic forms. The portal is crowned with an *aedicular*-shaped ornamental slab featuring a Floris-style puto and a Vredemann de Vries-style embossed ornament. The fine Moor head in the middle of the slab is supported by two rampant lion figures. Also the lion heads and the masks with hanging cheeks which decorate the horizontal frieze have been drawn from Plovis' copper plates – the *commune bonum* of Renaissance plastic art.

Two area stones, made in 1575 with the coats-of-arms of the Blackheads, stand on the sides of the main portal. The initials, ES on one and HK on the other, are those of the donators of the area stones, elders of the Brotherhood Ewert Schroeder and Hans Koser. Before the big reconstruction they decorated the main porch stairs of the house.

Also the main door deserves closer attention. It was made by the Dutch wood carver Berend Geistmann who came to Tallinn in 1597. Geistmann's main work – the pews of the Church of St. Nicholas – have unfortunately been destroyed. Like many other wood carvers who came to Es-

67

juba 1575. a. valminud mustpeade vappidega etikukivi. Initsiaalid, ühel HK ja teisel ES, näitavad, et etikukivide annetajateks olid vennaskonna vanemad – Hans Koser ja Ewert Schroeder. Enne suurt ümberehitust olid need ehtinud maja peatreppi.

Lähemat silmitsemist väärib ka peauks ise. Selle valmistas hollandi puunikerdaja Berend Geistmann, kes jõudis Tallinna 1597. Geistmanni peatöö – Niguliste kiriku pingid – on kahjuks hävinud. Nagu paljud teisedki tollased Hollandist, Taanist, Rootsist ja mujalt Eestisse saabunud puunikerdajad valmistas ta kantsleid ja altareid pärast reformatsiooni uuendatud kirikutesse.

16. saj. lõpu Tallinn oli rahvusvaheline linn. Tema vaim oli küll muutunud, õnnetuste läbi karastunud, püsis aga endiselt erksana. Suletuttidega turvistes rüütlite asemel jalutas vana hansalinna tänavail nüüd puhvpükstes Rootsi teenistusaadel. Muutunud oli ka mustpeade roll linnas. Enam ei ratsutatud ühises rongkäigus ordumeistrite ja gildivanematega, vaid võeti oma majas vastu selle maailma suurusi. Mustpeadegi maja ümberehituse ajal elati tähtsa külaskäigu ootuses. Koja akende kaunistamiseks telliti Passerilt kaks inglipead. Viimasel hetkel asendati need aga Poola-Rootsi kuninga Sigismundi ja kuninganna Anna portreebüstidega. Kõrgete krookkraedega härraspaari ilmed on talitsetud, enesekindlad, veidi sissepoole pööratud, igal juhul elegantsed.

Sigismund ja Anna jäid Tallinna küll saabumata. Maja sai aga 1600. a. valmis. Võrdluseks: Riia Madalmaade manerismi vaimus valminud Mustpeade maja uus fassaad oma kuningas Arturi kullatud kujuga valmis lõplikul kujul alles 1627.

tonia from the Netherlands, Denmark, Sweden etc., he specialized in the making of pulpits and altars for the churches innovated after the Reformation (Tuhala, Ambla).

Tallinn at the end of the 16th century was an international town. Her spirit had changed, strengthened through misfortune, but it was alert as ever. Instead of knights in plumy suits of armour the old Hansa streets were filled with Swedish life peers in trunk hose. Also the role of the Blackheads in the town had changed. No more did they ride in one procession with Order and Guild masters, preferring instead to entertain princes and kings. Even when there were innovations underway in the house of the Blackheads, the brothers never stopped expecting an important visit. Two angel heads were ordered from Passer, for the decoration of the vestibule windows. At the last moment, however, these were replaced by the portrait busts of the Polish-Swedish King Sigismund and his consort, Anna. The expressions of the couple are restrained, self-assured, a little inward-looking, and elegant. They are like a symbolic summary of the era.

Sigismund and Anna never came to Tallinn in person. As for the house, it was completed in 1600. For a comparison: the new splendid facade of the house of the Blackheads in Riga in the style of Dutch mannerism, together with a gilt figure of King Arthur, was completed only in 1627.

The House of the Blackheads in Riga. 1600–1627.
Mustpeade maja Riias. 1600–1627.

69

Mustpead Rootsi kuningate ajal.
Maja täis kunsti

Et elustada vennaskonna noore-maid liikmeid ja vendi, samuti teisi härrasid ja külalisi, otsustati 1663. aasta 1. mail kolm korda nädalas kella kahe ja viie vahel majas kontsert pidada. Selleks spetsiaalselt laenatud harmooniumil kutsuti mängima organist Hans Polack, kellele lubati vaevatasuks 10 riigitaalrit.

Üheteistkümne inglise kaupmehe poolt mustpeadele kingitud karikas. Narva meister Ludolf Zander (tegev 1664–1697). EKM. – Cup given to the Blackheads by eleven English merchants. By Ludolf Zander of Narva (active 1664–1687). Estonian Art Museum.

The Blackheads under the Kings of Sweden.
A House Filled with Art

On 1 May 1663, in order to brighten the lives of the younger members and brothers of the Brotherhood, but also of other gentlemen and visitors, a decision was made to hold concerts in the house three times a week between two and five o'clock in the afternoon. The harmonium, rented specially for these occasions, was played by Hans Pollack to whom a recompense of 10 riks-thalers was payed.

Melonikujuline hõbekann. Tallinna meister Stanislas Schulze (meister 1643; surn. 1657). EKM.
Melon-shaped silver picher. Made by Stanilsaus Schulze of Tallinn (master 1643; d. 1657).
Estonian Art Museum.

17. saj., kui Eestimaa kuulus Rootsi kuningate alla, sai Mustpeade majast seltskondlike koosviibimiste paik. Siin harrastati muusikat. Suures saalis võeti vastu külalisi ja peeti balle. Nauditi elu ja aja kulgu. Hoone ajakohastamist võeti ette vaid viimase häda sunnil.

1664. aastaks olid nii suure toa lagi, katus ja toolvärk kui kogu maja väga halvas seisukorras. Maja parandamiseks viidi läbi korjandus. Esmakordselt vennaskonna ajaloos valiti ka kaks ehitusvanemat – *älteste* Adrian Römer ja *älteste* Anton Fiandt. Alustati katusest. Uue toolvärgi detailid valmistati osaliselt Niguliste kiriku õuel.

Samal ajal mõeldi ka sisekujunduse uuendamisele. 150 aasta järel kerkis taas päevakorda suure saali võlvimine, milleks kõigiti kauni, vastureformatsiooniaegsest gooti vaimust kantud projekti tegi Matthis Woywodt. Seegi kord jäi aga kavatsus üksnes kavatsuseks ja projekt paberile. Piirduti vähemaga. Hans Blottelt telliti puust kroonlühtrid ja toolitegijalt Henricuselt uued pingid.

1696. a. kutsuti majja Tallinnas populaarne portretist ja kompositsioonimaalija Wilhelm Londicer. Talle makstud küllalt suur summa – 213 riigitaalrit – näitab, kuivõrd mustpead ka uuel muutunud ajal hoolitsesid oma maja ilu ja pidulikkuse eest. Nii täienes suur saal kaheksa ovaalikujulise maalingutahvliga. Lisaks neile ehtisid saali seinu portreed valitsejatest ja õukondlastest. Pildid olid vennaskonnale aastate jooksul laekunud annetuste ja kingitustena. Nii olid Rootsi kuninga Gustav Vasa portree kinkinud 1672. a. vennaskonna vanem Johann Michael ja Hermann Cahl, kuningas Erik XIV portree juba 1641. a. Gotthard Tier.

Esindatud olid ka: Johann III, Karl IX, Gustav II Adolf, kuninganna Kristiina, Karl X Gustav, Karl XII.

Mustpeade maja oli täis kunsti. Vendade maaligalerii oli esimene omalaadne Tallinnas. Ruume ehtisid hõbeanumad ja gobeläänid. See oli kunstimuuseum, mille varad aastatega järjest kasvasid ja täienesid. Ja ehkki enamiku kuningapiltide puhul oli tegemist koopiatega tuntud meistrite töödest, ei vähendanud see põrmugi vendade uhkust oma maja üle. Mustpead olid riigitruud ja head diplomaadid. Vaheldusid kuningad ja koguni riigivõim. Mustpead aga mitte. Endiselt püsisid nad linna avaliku elu keskpunktis.

Charles XII,
King of Sweden 1697-1718.
Tallinn Twon Museunm.

Karl XII,
Rootsi kuningas 1697–1718.
Tallinna Linnamuuseum.

During the 17th century when Estonia was ruled by the Swedish kings the house of the Blackheads became a place for social gatherings. Music was played there. Visitors were entertained and balls were held in the big hall. Life and the passage of time were enjoyed. The modernization of the house was only undertaken as a last resort.

By 1664 the ceiling of the big room, the roof, the roof truss, and the whole house were in a very bad state. A collection was made for repairing the house. For the first time in the history of the Brotherhood two building elders were elected – the *älteste* Adrian Römer and the *älteste* Anton Fiandt. The repairs were started from the roof. Some of the parts for the new roof truss were made in the yard of St. Nicholas' Church.

At the same time also the ideas for a new interior design were sorted out. After 150 years once again the issue of vaulting the big hall was taken under consideration; a beautiful design for it in the Gothic spirit of the Counter-Reformation was made by Matthis Woywodt. Yet once again plans remained plans and the design was never carried out. The target was set lower. A new wooden chandelier was ordered from Hans Blotte and new benches from Henricus the stoolmaker.

In 1696 a popular Tallinn portrait and composition painter, Wilhelm Londicer, was invited to the brothers' house. The size of the sum payed to him, 213 riks-thalers, shows how much the Blackheads cared for the beauty and pomp of their house, even in those changed times. The decoration of the big hall as complemented with eight oval-shaped painted panels, and the walls were decorated with portraits of sovereigns and courtiers. The Brotherhood had been given pictures over the years as donations and gifts. The portrait of the Swedish King Gustav Vasa had been gifted in 1672 by the Brotherhood elders Johann Michael and Hermann Cahl, the one of King Erik XIV already in 1641 by Gotthard Tier. Also the following kings were represented: John III, Charles IX, Gustavus II Adolphus, Queen Christina, Charles X Gustavus, Charles XI.

The house of the Blackheads was full of art. The brothers' picture gallery was the first of its kind in Tallinn. The rooms were decorated with silver dishes and tapestries. With time, the collections of that museum grew and augmented. And even though most of the pictures of sovereigns were merely reproductions, it did not diminish the brothers' pride of their house. The Blackheads were loyal subjects and good diplomats. The kings and even the state powers changed, but not the Blackheads. They remained the centre of the town's public life.

Silver beaker. 17th c. Estonian Art Museum.
Hõbepeeker. 17. saj. Eesti Kunstimuuseum.

Mustpeade vennaskonna portreedekogu (1933. a. aset leidnud näituse kataloogi põhjal). Praegu kuuluvad maalid Tallinna Linnamuuseumile. Neist küllaltki suurt osa võib praegu näha Tallinna raekojas. Suure osa piltide puhul on tegemist õlis maalitud täisfiguuridega lõuendil. Vaid kaks maalidest: Rootsi kuninganna Kristiina ja viimane Vene tsaar Nikolai II on kunstniku poolt signeeritud. Maalid on loetletud selles järjekorras, nagu nad olid välja pandud vennaste toa (suure saali) seintele, alates akendest vasakule jääva pildiga.

1. GUSTAV VASA
   Rootsi kuningas 1523–1560.

2. ERIK XIV
   Rootsi kuningas 1560–1568.

3. JOHANN III
   Rootsi kuningas 1568–1592.

4. KARL IX
   Rootsi kuningas 1604–1611.

5. GUSTAV II ADOLF
   Rootsi kuningas 1611–1632.

6. KRISTIINA
   Rootsi kuninganna 1632–1654;
   signatuur *"Johannes Bannier fecit"*.

7. KARL X GUSTAV
   Rootsi kuningas 1654–1660.

8. KARL XI
   Rootsi kuningas 1660–1697.

9. ULRIKA ELEONORE
   Rootsi kuninganna,
   Karl XI abikaasa,
   Taani printsess.

10. ORANJE WILHELM
    Madalmaade asehaldur 1647–1650.

11. KARL V
    Saksa keiser 1519–1556.

12. FERDINAND III
    Saksa keiser 1637–1657.

13. SEFI
    Pärsia šahh (?) 1629–?.

14. FRIEDRICH III
    Schleswig–Holsteini prints
    1616–1659.

15. CHRISTIAN IV
    Taani kuningas 1588–1648.

16. MIHHAIL FJODOROVITŠ ROMANOV
    Moskva suurvürst 1613–1645.

17. FRIEDRICH WILHELM
    Brandenburgi kuurvürst
    1640–1688.

18. WALTER VON CRONBERG
    Saksa ordu kõrgmeistri teenistuja
    1526–1543.

19. KARL XII
    Rootsi kuningas 1697–1718;
    rinnapilt.

20. PEETER III
    Vene tsaar 1761–1762;
    rinnapilt.

21. KATARIINA II
    Vene tsaarinna 1762–1796;
    rinnapilt.

22. PAUL I
    Vene tsaar 1796–1801;
    rinnapilt.

23. MARIA FJODOROVNA
    Vene tsaarinna,
    Paul I abikaasa,
    Württembergi printsess.

24. ALEKSANDER I
    Vene tsaar 1801–1825.

25. NIKOLAI I
    Vene tsaar 1825–1855.

26. NIKOLAI I
    Vene tsaar 1825–1855;
    ratsaportree.

27. ALEKSANDER II
    Vene tsaar 1855–1881.

28. ALEKSANDER III
    Vene tsaar 1881–1894.

29. NIKOLAI II
    Vene tsaar 1894–1918;
    signatuur "N. Tšernjavski 1896".

30. GUSTAV V
    Rootsi kuningas 1907–1950.

The portrait collection of the Brotherhood of the Blackheads (according to the catalogue of the 1933 exhibition). At present the paintings belong to the Tallinn Town Museum. A considerable part of them can also be seen in the Tallinn Town Hall. In most cases the pictures are full figures on canvas painted in oil. Only two of the paintings, those of the Swedish Queen Christina and the last Russian Tsar, Nicholas II, bear the artist's signature. The paintings are listed in the order in which they were hung on the walls of the brothers' room (the big hall) starting with the picture to the left of the window.

1. GUSTAV VASA
   King of Sweden 1523–1560.

2. ERIK XIV
   King of Sweden 1560–1568.

3. JOHN III
   King of Sweden 1568–1592.

4. CHARLES IX
   King of Sweden 1604–1611.

5. GUSTAVUS II ADOLPHUS
   King of Sweden 1611–1632.

6. CHRISTINA
   Queen of Sweden 1632–1654;
   signed *"Johannes Bannier fecit"*.

7. CHARLES X GUSTAVUS
   King of Sweden 1654–1660.

8. CHARLES XI
   King of Sweden 1660–1697.

9. ULRIKA ELEONORE
   Queen of Sweden, consort of
   Charles XI, Princess of Denmark.

10. WILLIAM OF ORANGE
    Regent of the Low Countries
    1647–1650.

11. CHARLES V
    Emperor of Germany 1519–1556.

12. FERDINAND III
    Emperor of Germany 1637–1657.

13. SEFI
    Shah(?) of Persia 1629–?.

14. FREDERICK III
    Prince of Schleswig-Holstein 1616–1659.

15. CHRISTIAN IV
    King of Denmark 1588–1648.

16. MIKHAIL FYODOROVICH ROMANOV
    Grand Duke of Muscovy 1613–1645.

17. FREDERICK WILLIAM
    Prince Elector of Brandenburg
    1640–1688.

18. WALTER VON CRONBERG
    Official of the Grand Master
    of the Teutonic Order 1526–1543.

19. CHARLES XII
    King of Sweden 1697–1718;
    half-length picture.

20. PETER III
    Tsar of Russia 1761–1762;
    half-length picture.

21. CATHERINE II
    Tsarina of Russia 1762–1796;
    half-length picture.

22. PAUL I
    Tsar of Russia 1796–1801;
    half–length picture.

23. MARIA FYODOROVNA
    Tsarina of Russia, consort of Paul I,
    Princess of Württemberg.

24. ALEXANDER I
    Tsar of Russia 1801–1825.

25. NICHOLAS I
    Tsar of Russia 1825–1855.

26. NICHOLAS I
    Tsar of Russia 1825–1855;
    on horseback.

27. ALEXANDER II
    Tsar of Russia 1855–1881.

28. ALEXANDER III
    Tsar of Russia 1881–1894.

29. NICHOLAS II
    Tsar of Russia 1894–1918;
    signed, "N. Chernyavsky 1896".

30. GUSTAVUS V
    King of Sweden 1907–1950.

Erik XIV,
King of Sweden 1560-1568.
Tallinn Town Museum.

Erik XIV,
Rootsi kuningas 1560–1568.
Tallinna Linnamuuseum.

John III,
King of Sweden 1568-1592.
Tallinn Town Museum.

Johann III,
Rootsi kuningas 1568–1592.
Tallinna Linnamuuseum.

Charles IX,
King of Sweden 1604-1611.
Tallinn Town Museum.

Karl IX,
Rootsi kuningas 1604–1611.
Tallinna Linnamuuseum.

Gustav II Adolphus,
King of Sweden 1611-1632.
Tallinn Town Museum.

Gustav II Adolf,
Rootsi kuningas 1611–1632.
Tallinna Linnamuuseum.

Christina,
Queen of Sweden 1632-1654;
signed "Johannes Bannier fecit".
Tallinn Town Museum.

Kristiina,
Rootsi kuninganna 1632–1654;
signatuur "Johannes Bannier fecit".
Tallinna Linnamuuseum.

Charles X Gustavus,
King of Sweden 1654-1660.
Tallinn Town Museum.

Karl X Gustav,
Rootsi kuningas 1654–1660.
Tallinna Linnamuuseum.

Charles XI,
King of Sweden 1660-1697.
Tallinn Town Museum.

Karl XI,
Rootsi kuningas 1660–1697.
Tallinna Linnamuuseum.

Charles V,
Emperor of Germany 1519-1556.
Tallinn Town Museum.

Karl V,
Saksa keiser 1519–1556.
Tallinna Linnamuuseum.

Ferdinand III,
Emperor of Germnay 1637-1657.
Tallinn Town Museum.

Ferdinand III,
Saksa keiser 1637–1657.
Tallinna Linnamuuseum.

Christian IV,
King of Denmark 1588-1648.
Tallinn Town Museum.

Christian IV,
Taani kuningas 1588–1648.
Tallinna Linnamuuseum.

Mikhail Fyodorovich Romanov,
Grand Prince of Muscovy 1613-1645.
Tallinn Town Museum.

Mihhail Fjodorovitš Romanov,
Moskva suurvürst 1613–1645.
Tallinna Linnamuuseum.

Sefi,
Shah (?) of Persia 1629-?.
Tallinn Town Museum.

Sefi,
Pärsia šahh (?) 1629-?.
Tallinna Linnamuuseum.

Frederick III,
Prince of Schleswig-Holstein 1616-1659.
Tallinn Town Museum.

Friedrich III,
Schleswig-Holsteini prints 1616–1659.
Tallinna Linnamuuseum.

Walter von Cronberg,
Official of the Grand Master
of the Teutonic Order 1526-1543.
Tallinn Town Museum.

Walter von Cronberg,
Saksa ordu kõrgmeistri teenistuja 1526–1543.
Tallinna Linnamuuseum.

William of Orange,
Regent of the Low Countries 1647-1650.
Tallinn Town Museum.

Oranje Willem (Wilhelm),
Madalmaade asehaldur 1647–1650.
Tallinna Linnamuuseum.

Silver deer leg cup.
Made in memory of the visit of Peter I.
By Wilhelm Polacki of Tallinn, 1712.
Estonian Art Museum.

Hõbedane hirvejalg-pokaal.
Valmistatud Peeter I külaskäigu mälestuseks.
Tallinna meistri Wilhelm Polacki töö. 1712.
Eesti Kunstimuuseum.

Mustpeade maja 18. sajandil.
Balti erikord

24. *detsembril 1711. aastal tuli*
Tema Kõrgus tsaar Peeter I väikese saatjaskonnaga meie majja, heitis
sellele majesteetliku pilgu, käis ümber tooli, kuulas jutte mustpeade
minevikust. Lauale kanti vennaste vanad raamatud, mis sisaldasid
teateid auväärsetest härradest, kes varem olid võetud vennaskonna
liikmeks ja kelle nimi oli seetõttu neisse raamatuisse kirjutatud. Samal
ajal kui raamatuid vaadati, pakkusid teenrid häid reinveine ja
muskaatveine. Kõige rohkem meeldis tsaarile muskaatvein, mida ta
nii mõnegi korra maitses ja endale aina juurde laskis valada.

The House of the Blacheads
in the 18th Century.
Special Status of the Baltic Landlords

O*n 24 December 1711, His Maj-*
esty Tsar Peter I came to our house with a small suite, gave it a
majestic look, took a stroll around a chair, and listened to stories from
the Blackheads' history. Old books of the brothers with particulars of
the honourable gentlemen who had been admitted as members of the
Brotherhood and thus entered into these books, were set on the table.
While the books were being inspected, the servants offered good Rhine
wine and muscatel. Best of all the Tsar liked the muscatel which he
tasted many times and ordered it again and again.

1700. a. puhkes taas sõda Baltimaade pärast. Noore ja Euroopasse pürgiva tsaari Peeter I juhtimisel allutati Eesti 1710. a. Venemaale. Nagu mõnedki korrad varem kutsusid mustpead uue suurvõimu esindaja oma majja külaskäigule. Peeter I nimi kanti Mustpeade vennaskonna raamatusse. Tema järel said selle au osaliseks mitmed teisedki tsaarid. Mustpead olid lojaalsed. Neid kaitses Balti erikord. Mustpead omakorda seisid igipõlise elukorralduse, traditsioonide ja selle algselt üsna määratlematu, kuid aasta-aastalt üha tähtsamaks muutuva *imago* – saksa vaimu eest.

Vennaskonna Pika tänava majas muutus peatähtsaks esindus- ja klubiline funktsioon; ajakohastati vanu, osteti ja hangiti juurde uusi ruume. 1783. a. läksid mustpeade käsutusse kolm Pühavaimu tänava äärset aidakorrust (*drei Bodenräume*). Need vahetati suure saali all asuva keldri ja selle pealse pööningu vastu. Ümberehitusi asus juhtima Johann Schultz, Jenast Tallinna tulnud stuki- ja ehitusmeister, kellele juba 1766. a. oli usaldatud kuberneri palee püstitamine vana Toompea linnuse varemeile. Schultz oli vaieldamatult parim, keda võis leida kogu kubermangust. Ta ehitas aadliresidentse linna ja kauneid härrastemaju mõisatesse (Saue, Ääsmäe jt.). Tema stiil, midagi hilisbaroki ja varaklassitsismi vahepealset, pehme, valgusküllane, elurõõmus hingepõhjani – see, mida Põhja-Saksamaal tuntakse Zopf-stiilina, sobis hästi elavdama vananevat ja tasapisi luituma kippuvat Mustpeade maja.

Schultzi ja mustpeade vahel 24. mail 1783 sõlmitud lepingu kohaselt tuli arhitektil ja ehitusmeistril oma kuludega ühendada kolm aidakorrust vennaste suure toaga.

Seejuures pidi ta: a) muretsema kõik selleks ehituseks vajalikud käsitöölised – müürsepad, puusepad, lukussepad, klaasijad, pottsepad, maalijad, niisamuti kui materjalid ja tööriistadki; b) valmistama põranda headest saelaudadest ja tegema sellele sileda aluse korralikest palkidest, täites aluse ühtlasi paksu prahiga; c) tegema lae tugevatest palkidest ja katma selle roost krohvimattidega; d) parandama ja tegema siledaks seinad, katma nende alumise osa paneelidega; e) tegema neli ahju, neist kaks suurtest ja kaks väikestest kahlitest; f) tegema kolm tiibust koos piitadega; g) valmistama nii akna- kui ukseruudud heast ilma vigastusteta (*ohne Blassen*) klaasist. Tööde eest pidi Schultzile välja makstama 1000 rubla, kusjuures meister võis endale võtta seni saalis paiknenud kaks ahju, niisamuti kui ehitusest üle jäävad palgid ja kivid.

1785. a. tegi ehitusmeister Johann Heinrich Geist Mustpeade majale uue katuse. 1793. a. sõlmiti uus leping Johann Schultziga. Sedapuhku oli küsimus hoone teisele korrusele vestibüüli või koja peale suure söögisaali ehitamisest (*eine große speise-Saal über den Vorhause*) koos väikese kambriga ja piljarditoaga teise vana saali kohale (*über den alten zweiten Saal*). Kavas oli ka ehitada kaks uut treppi: neist üks eeskotta, teine vanasse saali; tollaseid ehitustavasid arvesse võttes oli nähtavasti tegemist barokselt avara kahe poolega paraadtrepiga. Tööde lõpetamisel ning võtme üleandmisel lubati Schultzile välja maksta 4550 rubla.

In 1700 a new war for the Baltics broke out. Russia's young Tsar, Peter I, strove to make his country part of Europe, and in 1710 brought Estonia under his domination. As many times before, the Blackheads invited the head of the new great power to visit their house. Peter's name was entered into the Blackheads' books. Later, the same honour was given to other tsars. The Blackheads were loyal, protected by an agreement which gave a special status also to the Baltic landlords. As for the Blackheads, they stood by the permanence of their way of life, their traditions, and their initially undefinable, but increasingly stronger image, that of the German spirit.

For the Blackheads' Pikk Street house, the representational function gradually began to gain priority, but the house continued to be used also as a club; the old premises were modernized while new ones were bought or procured. In 1783 the Blackheads took possession of three ground-floor warehouse rooms (*drei Bodenräume*) along Pühavaimu Street. They were exchanged for the cellar under the big hall and the attic over it. The renovation work was directed by Johann Schultz, a stucco man and builder who had come to Tallinn from Jena, and to whom the building of the governor's palace in the ruins of the old Toompea citadel had been trusted in 1766. Schulz was by far the best man to be found in the whole province. He built town houses and beautiful country mansions (Saue, Ääsmäe, etc.) for the landed gentry. His style, a mixture of late baroque and early Neoclassicism, was soft, full of light and the joy of living – what is known in Northern Germany as *Zopf* –

was well suited to enliven the Blackheads' ageing and gradually weathering house.

According to the contract made between Schultz and the Blackheads on 24 May 1783 the architect and builder had to annex, at his own expense, the three warehouse floors to the brothers' big room. The contract also included the following: a) to employ all the artisans needed – masons, carpenters, locksmiths, glaziers, potters, painters, as well as find the materials and tools; b) to make the floor of good sawn boards on an even base of sound logs, simultaneously filling the base with thick litter; c) to make the ceiling of strong beams and cover it with reed plaster mats; d) to repair and smoothe the walls and cover their lower part with panels; e) to make four stoves, two of them of big and two of small glazed tiles; f) to make three folding doors with jambs; g) to make the door and windowpanes of good, flawless glass. For this work Schultz was to be payed 1,000 roubles, and he could keep the two stoves which had previously stood in the hall, as well as the beams and stones left over from the building.

In 1785 the master builder J. H. Geist made a new roof for the house. In 1793 a new contract was made with Johann Schultz, concerning the building of a big dining hall on the first floor over the vestibule or antechamber (*eine grosse speise-Saal über den Vorhause*), together with a small chamber and a billiard room over the other old hall (*über den alten zweiten Saal*). Also the building of two new staircases was planned: one into the antechamber, the other into the old hall. For the work Schultz was to be payed 4,550 roubles.

91

Allegorical baroque female figures from the House of the Blackheads.
End of the 18th century. Now kept at the Tallinn Town Museum.

Allegoorilised barokses voolises naisfiguurid Mustpeade majast.
18. sajandi lõpp. Praegu Tallinna Linnamuuseumis.

Peter I,
Czar of Russia 1682-1725.
Tallinn Town Museum.

Peeter I,
Vene tsaar 1682–1725.
Tallinna Linnamuuseum.

Mustpeade maja 19.–20. sajandil. Saksa klubi

25. *detsembril 1861. aastal esitasid härrad vennaskonna eestseisjad korralduse, et tulevikus peavad mitte ainult mundrikandjad vennad, vaid ka kõik mundrit kandma kohustatud vennad ilmuma kohale käsuõigusliku ohvitseri esimesel korraldusel. Selle korralduse mittetäitmisel tuli maksta 5 hõberubla trahvi.*

Mustpeade vormirõivastuse juurde kuulunud kiiver. 19. saj. II pool. TLM. – The Blackheads uniform helmet. Second half of 19th c. Tallinn Town Museum

The House of the Blackheads in the 19th–20th Centuries. German Club

O*n 25 December 1861 the Board*

of the Brotherhood issued a regulation according to which in the fu-

ture not only the brothers in uniform but also those obliged to wear

uniform had to show up at the first call of the officer empowered to

give orders. Those who did not observe this regulation were to pay a

fine of 5 silver roubles.

19. saj. Mustpeade maja muutus: kunagisest kaupmeeste kokkusaamise paigast sai saksa vaimu ja kultuuri keskus. Juba 1788. a. asutati majas vabatahtlik tuletõrjeühing, esimene omataoline linnas. Mustpeade elus muutusid üha tähtsamaks distsipliin, korporatsiooni eeskirjad, 19. saj. vaimus munder ja mundriau. Mälestusena aegadest, mil vennastel oli tõesti täita oluline roll linna kaitsmisel, mängiti nüüd sõjaväelist elukorraldust, matkiti ohvitseridele iseloomulikke kombeid ja harrastusi.

Need ei olnud aga mitte mustpeade ainsad huvid. 1830. a. eraldati vennaste hoones kaks tuba raamatukogule. Siin talletatu sai aluseks 1842. a. asutatud Eesti Kirjanduse Seltsi raamatukogule. 1834. a. algas maja keldrites uue lokaali ehitus. Raudtorude kaudu jõudis majja puhas joogivesi. Mustpeade majast sai linna koorekihi klubi. Majas oli kaks piljardilauda. 1874. a. lisati neile veel "karambapiljard". 1881 alustati keeglisaali rajamisega.

Nii jäi vennaste juures peagi kitsaks. Taas peeti koosolekuid ja koguti raha. 1907. a. oli lõplikult küpsenud hoone ümberehitamise idee. Et ülesanne, mis mustpeadel meeles mõlkus, ei olnud kaugeltki väike, korraldati arhitektuurivõistlus – taas üks esimesi kogu linnas. Tööde ettevõtja parun von Maydell tellis kolm ideekavandit kolmelt erinevalt arhitektilt – Erich Steinbergilt, Jacques Rosenbaumilt ja Wilhelm Neumannilt. Kõik kolm lahendust erinevad omavahel täielikult. Ja ometi on neis kõigis ka midagi ühist: see on soov näha vana head Mustpeade maja vanas heas, ajalooliste stiilide kaudu õilistatud kuues. Näib, nagu ei oleks neil teistsugune lahendus võinud

mõttessegi tulla. Kolmest projektist kõige ülemeelikum on Rosenbaumi idee: tuleviku Mustpeade maja nägi ta saksa hilisrenessansi vaimus sakiliste katuste ja tornikestega aristokraatliku luksuspaleena.

Ja siiski valiti esitatud ideedest kõige tasakaalukam – kunstiteadlase ja Riia Polütehnilise Ülikooli professori Wilhelm Neumanni (1849–1919) projekt. Neumann oli Baltimaade ehituskunsti parimaid tundjaid. Temalt koos Eugen Nottbeckiga 1896–1904 ilmunud raamat Tallinna kunsti- ja arhitektuurimälestiste kohta ei ole oma tähtsust kaotanud tänaseni.

Ja ometi on Neumanni poolt väljapakutu täis paradokse. Tema, stiiliajaloo käsitlemisel Wölfflini ja Riegli järgija, kõigest kunagi tehtust kogu hingest lugu pidav kunstiajaloolane, unustas kogu oma humanitaarse koolituse, kui vaid sai tellimuse arhitekti ja loojana. Neumanni isiksus näikse nagu sisaldavat 19. saj. (ja ka meie aja) restaureerimisfilosoofia kahte vastandpoolust. Neumann kõneles nagu John Ruskin (1819–1900), aga tegutses kui Eugène Viollet le Duc (1814–1879).

Mustpeade maja suure saali, mida ta kunstiajaloolasena hindas, laskis Neumann pea tundmatuseni ümber ehitada. Selle lae soovitas ta kõrgendada kuni 20 jalani. 1532. aastast alates ühes ja samas paigas seisnud raidkivist väljatahutud sambad, mis, tõsi küll, Neumanni ajaks olid hakanud pisut viltu vajuma, laskis arhitekt hoopiski koost lahti võtta ja kasutada ära rõdutugedena. Kirjas Mustpeade vennaskonna vanematele väidab ta need koguni olevat ilma erilise kunstiväärtuseta (*...nicht baukünstlerisch von großen wert sind*). Sellega oli Neumann astunud sammu, millest omal

In the 19th century the house of the Blackheads changed: the former meeting place of merchants turned into a centre of the German spirit and culture. Already in 1788 an association of voluntary firemen had been set up in the house – the first of its kind in town. In the life of the Blackheads discipline, regulations of the corporation, the uniform and the honour of the uniform became ever more important. As a hangover of the time when the brothers had a truly important role to play in the defence of the town they affected a military style of living and imitated the practices and habits of officers.

However, these were not the only interests of the Blackheads. In 1830 two rooms in the brothers' house were set apart for a library. That collection became the nucleus of the library of the Estonian Literary Society founded in 1842. In 1834 the building of a new restaurant was begun in the basement. Clean drinking water reached the house through iron pipes. The house of the Blackheads became a club for the town's elite. The house had two billiard tables, and in 1874 a "caramba billiard" was added to the two. In 1881 the building of a skittle hall was started.

So the house of the brothers soon became cramped. Again meetings were held and money was collected. By 1907 the idea of rebuilding the house had finally matured. Since the task the Blackheads set themselves was not an easy one, an architecture competition was held – once again one of the first in town. The contractor of the works, Baron von Maydell, ordered three designs from three different architects – Erich Steinberg, Jacques Rosenbaum and Wilhelm Neumann. The three solutions differ from each other entirely. And still they all have something in common: a wish to see the good old house of the Blackheads in the good old coat ennobled by historical styles. It seems as if a different solution could not have even entered anyone's mind. The most wanton of the three is the idea set forth by Rosenbaum: he saw the future house of the Blackheads in the spirit of German late Renaissance, an aristocratic luxury palace with jaggy roofs and pinnacles.

Out of these, the best balanced design was selected – the one by the art critic and professor of the Riga Polytechnic University, Wilhelm Neumann (1849–1919). Neumann was one of the best experts on Baltic architecture. The book by him and Eugen Nottbeck published in 1896–1904 of Tallinn's art and architectural monuments has not lost its importance until today. And yet Neumann's idea is full of paradoxes. Although Neumann was a follower of Wölfflin and Riegl in his treatment of the history of style and had great respect for everything made in the past, he forgot all his classical schooling the second he received an order as an architect and creator. Neumann's personality seems to contain the two opposites of the philosophy of restoration of the 19th century (and also of today). Neumann spoke like John Ruskin (1819–1900) but acted like Eugène Viollet le Duc (1814–1879).

The big hall of the house of the Blackheads which Neumann valued highly as an art historian, was almost fully rebuilt by him. At his suggestion the ceiling was lifted to 20 feet. The columns of hewn ashlars

Archives room of the Brotherhood. Early 20th century photograph.
Vennaskonna arhiivi ruum. Foto 20. sajandi algusest.

ajal oli hoidunud koguni Johann Schultz – klassitsist nii ihult kui hingelt, kellele pidi nii kasvatuse kui tõekspidamiste tõttu olema lähedane ühtse ruumiterviku idee.

Neumanni kui arhitekti iseloomustab pürgimus klassitsismi ja renessansi parimate eeskujude järgimisele. Tema Mustpeade majas valla pääsenud minevikuihaluse võib kokku võtta Tallinnast pärineva kunstiteadlase Georg Dehio (1850–1932) sõnadega. Muinsuskaitset ja restaureerimist (ja seda ju

Neumann Mustpeade majas harrastas) on Dehio nimetanud 19. saj. historitsismi tütardeks, ainult et esimest seaduslikuks ja teist ebaseaduslikuks. Nii ei suutnud Neumann, nagu muuseas ka paljud teised tema kaasaegsed, hoiduda kord tema kätesse usaldatud ühtäkki vaese ja ilmetunagi näiva ajaloo parandamisest.

Suur saal Tallinna Mustpeade majas on pompoosne. Sellesse sisenejale meenuvad 19. saj. keskpaiku valminud teatrid ja

98

Entrance hall. On the wall, a map of Europe.
Vestibüül. Seinal Euroopa kaart.

Bowling hall. – Keeglisaal.

Mustpeade maja 19.–20. sajandil. Saksa klubi

The large vestibule. – Suur trepihall.

seltskondlike koosviibimiste majad. Selline oli Riia teater (1860–1862, arhitekt Ludwig Bohnstedt), selline oli juba 1857. a. valminud suur saal Riia Mustpeade majas.

Neumann soovitas Mustpeade maja saali liigendada pilastrite ja tahvlitega nagu Riia Mustpeade majaski; seina alumise osa nägi arhitekt ette katta reseedarohelise mustrilise kanga, või kui see liiga kalliks osutub, põranda tooni hea tapeediga. Neumann kirjutas, et dekoori puhul peab igal juhul hoiduma säravkollasest, seetõttu ka lehtkulla kasutamisest. Nagu ühes korralikus aristokraatia palees pidi kõik juba algusest peale mõjuma pisut vana ja koltununa.

Neumanni ettepanekul pidid Mustpeade maja suures saalis tööd leidma mitmed teisedki silmapaistvad meistrid. Seintele telliti Tallinna vaateid Carl Alexander von Winklerilt (1860–1911), Mustpeade turniire kujutavad klaasimaalingud E. Todelt, mehelt, kellega Neumann oli teinud koostööd juba Riia toomkiriku restaureerimisel ning kelle olid teinud kuulsaks sealsed vitraažimaalid. Helsingist Andseni firmast oli kavas osta valged kullaga dekoreeritud kahhelahjud, mille joonised pidi valmistama Soome esiarhitekt Eliel Saarinen.

Kas kõik arhitekti poolt ette pandu ka tegelikult Mustpeade maja suurde saali jõudis, ei ole kahjuks teada. Renessansi kõrval valitses selles neorenessanss. Neumann saavutas, mida soovis: ajaloo paatose ja paatina poolt õilistatud ruumis kõneles kaasa tema enda aeg – kahjuks küll ebakindel ning end mineviku kulisside taha varjav, hirmul muudatuste ja õhus aimatavate sotsiaalsete kataklüsmide ees.

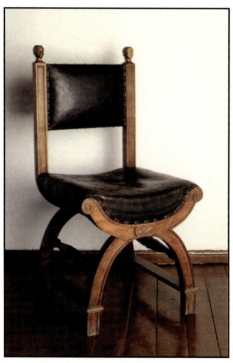

Chair from the House of the Blackheads.
Tool Mustpeade majast.

which had stood at the same spot since 1532, although slightly aslant by that time, he ordered to be taken apart and used as balcony pillars. In a letter to the elders of the Brotherhood he even claims they have no particular artistic value (*...nicht baukünstlerisch von grossen wert sind*). With this Neumann had taken a step which had been avoided even by Johann Schultz, a supporter of Classicism both in soul and in spirit to whom the idea of an integral space must have been dear both because of his education and his principles.

Neumann the architect is characterized by an aspiration to follow the best examples of Neoclassicism and Renaissance. His passion for the past, the traces of which we can see in the house of the Blackheads, can be summed up in the words of the Tallinn art critic, Georg Dehio (1850–1932). Dehio has said that the preservation of antiquities and restoration (and this was what Neumann was practicing in the house of the Blackheads) were both daughters of 19th century Historicism, only while the former was legitimate, the latter was illegitimate. So Neumann, as many of his contemporaries, could not resist improving the history which had been trusted into his hands and which suddenly seemed to him so poor and expressionless.

The big hall of the house of the Blackheads in Tallinn is pompous. Those who enter it are reminded of theatres and houses of social gatherings built in the middle of the 19th century. Such was the theatre of Riga (1860–1862, arhictect Ludwig Bohnstedt), and such was the big hall of the house of the Blackheads in Riga built in 1857.

Chair from the House of the Blackheads. Tool Mustpeade majast.

Drum cover.
Trummikate.

Neumann suggested that the hall of the house of the Blackheads in Tallinn should be divided with pilasters and panels as in the house of the Blackheads in Riga; the architect planned to cover the lower part of the wall with reseda-patterned cloth, or if that was considered too expensive, with good wallpaper the colour of the floor. Neumann wrote that bright yellow, and accordingly, gold foil, had to be entirely avoided in the decoration. Like in every respectable aristocratic palace, everything had to feel slightly old and yellowed from the start.

On Neumann's proposal many of the other outstanding masters of that time were to find work in the big hall of the house of the Blackheads. Views of Tallinn for the decoration of the walls were ordered from Carl Alexander von Winkler (1860–1911); and stained glass depicting the Blackheads tournaments from E. Tode – a man with whom Neumann had worked at the restoration of the Cathedral Church in Riga. White tile stoves decorated with gold, to be designed by Finland's leading architect, Eliel Saarinen, were to be bought from the Andsen company of Helsinki.

Unfortunately we do not know whether everything proposed by the architect was actually carried out. Neo–Renaissance ruled in it, next to Renaissance. Neumann gained what he wanted – also his own time spoke out in the room ennobled by the pathos and patina of history, but unfortunately that voice is a little shaky as it hides in the wings of the past, apprehensive of the changes and social cataclysms felt in the air.

Drum of the Brotherhood
of the Blackheads. 1764.
Mustpeade vennaskonna trumm. 1764.

105

Kõikide mittesakslaste
Püha Olavi gild

21. *septembril 1679. aastal oli Oleviste gildi maja maha põlenud. 1698 gild likvideeriti. Maja oli haletsemisväärses seisukorras. Suur gildisaal, kelder selle all, kloaak, väike tuba ja kamber, pööning võlvide kohal, kangialune, õu ise ja seal maja, kus elas pagar, nägid armetud välja. Müürid olid lagunenud, akende trellid ja põsekivid remontimata. Riknenud ja pragunenud olid ka suured võlvid.*

The Non-Germans'
St. Olaf's Guild

On 21 September 1679 the house of the Guild of St. Olaf burnt down. In 1698 the guild was dissolved. The house stood in a miserable condition. The great guild hall, the cellar underneath it, the cesspool, the little room and the chamber, the attic over the vaults, the arcade, the yard itself, and the house in the yard inhabited by a baker – all of it looked pitiful. The walls had crumbled, the bars and jamb stones of the windows had not been repaired. Even the big vaults were flawed and cracked.

1919. a. õnnestus mustpeadel realiseerida oma igiammune unistus. Juba paar aastasada varemetes seisnud Oleviste gildi hoone oli hinnatud vaid 80 000-le Eesti margale. Mustpead ostsid maja ära. Taas oli vennaskond võitnud võimuvahetusest. Ta oli end laiendanud viie kunagise kinnistu alale. Soodsa ostutehingu läbi olid mustpead endale saanud ühe vanema ja auväärsema maja kogu linnas.

Varasemad teated Oleviste gildi kinnistu kohta pärinevad juba 1341. aastast. Aastast 1369 on kindlalt lokaliseeritav ka gildihoone asukoht samal kohal kui praegu – Pikal tänaval. Milline oli esialgne gildimaja, ei ole praegu teada. 14. saj. on sellele tehtud mitmeid kordi laenu, kuigi esialgu ei olnud summad suured.

Olukord muutus 15. saj., mil korduvalt laenati summasid ehitustöödeks. Valmis uhke kõrggooti tähtvõlvikutega saal – Tallinna üks elegantsemaid ja kunstiküpsemaid gooti ruume üldse. Riia Suurgildi saali kõrval on Oleviste gildi saal Baltimaade kaunimaid. Tollases Tallinnas mõjus saal millegi täiesti uudsena. Raskepärase hansagootika asemel kohtame siin kõrggooti vormitäiust ja elegantsi, mis 15. saj. algul levis Saksa ordu vahendusel Baltimaile. Meenub ordu kõrgmeistri residents Marienburgis, samuti Maarja katedraalid Danzigis ja Stralsundis ning Tallinnas Oleviste gildi saaliga samaaegselt kerkivad Oleviste kiriku koori kõrged kaheksatahulistele piilaritele toetuvad uhked tähekujulised võlvid. Pika tänava poolt vaadates nägi maja välja nagu teisedki kaupmehemajad linnas. Seda kaunistas Tallinnale iseloomulik viie petiknišiga kõrge viil. Sisse pääses majja aga tavakohasest erinevalt, s.o.

naaberhoonest, Mustpeade maja ja Oleviste gildi vahelisest eeskojast, täpsemalt paigast, kuhu hiljem rajati nn. Lõviportaal.

Pärast 1679. a. tulekahju Oleviste gild likvideeriti. Pooleldi varemeis hooned läksid üle Kanuti gildile. 1704. aastast alates olid majad erakätes. Neid kasutati aitade ja ladudena. Ajuti nägid kunagised gildihooned siiski ka paremaid päevi. Oleviste gildi kõrvalhoone rekonstrueeriti ulatuslikult 1744–1749. Maja kunagist otstarvet sümboliseerib veel praegugi viilutippu kaunistav Püha Olavi reljeefkujutis. Kaks vapikivi sellest allpool Gottlieb Burchardti ja tema naise Dorothea Elisabeth zur Mühleni initsiaalidega on aga tunnistuseks maja uutest omanikest.

1806. a. ostsid Oleviste gildi eeskojamaja mustpead. Maja kasutati endiselt viljaaidana. Siis saabus aga aasta 1834, mil ehitati ümber selle alumine korrus – tänavapoolne osa piljarditoaks ja õuepoolne puhvetiruumiks. Oleviste gildi võlvsaal seisis aga endiselt pooleldi varemetes.

Võib küll vaid imestada vennaskonna energiat ja lakkamatut soovi end linna ajaloos maksma panna ja jäädvustada. Millega siis muidu seletada oma kunagise vahetu naabri hoonete omandamist. Näib, nagu alles nüüd oleks need laevnike ja kaupmeeste järeltulijad suutnud viia lõpule kord alustatu. Nii varakad ei olnud vennad olnud isegi õitsval hansaajal. Nad olid ainus igipõliseid traditsioone kandev korporatsioon Tallinnas. Nad olid ainsad!

1921. a. algas Mustpeade vennaskonna hoonete viimane suurem ümberehitamine. Tööde üldjuhti otsides langes tollaste pankurite, kaubamajaomanike ja poliitikute

In 1919 the Blackheads succeeded in realizing their age-old dream. The house of the Guild of St. Olaf, which had stood in ruins for a couple of hundred years, had been priced at only 80,000 Estonian marks. The Blackheads bought the house. Again the Brotherhood had gained by the change of powers. It had expanded itself onto the territory of five previous properties. Through a good bargain the Blackheads had won one of the oldest and most honourable houses in town.

The earliest report of the property of the Guild of St. Olaf is dated back to 1341. From 1369 also the guild's location can be positively pinpointed to Pikk Street where it stands now. What we do not know, however, is what the first guild hall was like. In the 14th century loans were raised on the house many times, though at first the sums were not big.

In the 15th century the situation changed as building loans were repeatedly raised. A proud hall with high Gothic star vaults was created – one for the most elegant and aristocratic Gothic rooms in Tallinn altogether. After the Great Guild Hall in Riga the hall of St. Olaf's Guild is one of the most beautiful in the Baltic countries. At that time the hall struck as something completely new in Tallinn. Instead of heavy Hansa Gothic we perceive in it the perfection of from and elegance of high Gothic which arrived in the Baltic countries at the beginning of the 15th century through the mediation of the Teutonic Order. We are reminded of the Grand Master's residence in Marienburg, as well as of the Cathedrals of St. Mary in Danzig and Stralsund, and in Tallinn, of the high and magnificent star vaults supported on octagonal pillars of the choir of St. Olaf's church, built simultaneously with the hall of St. Olaf's Guild. From Pikk Street the house looked like any other merchant house in Tallinn. It was decorated with a high gable with five blind niches, very characteristic of Tallinn. The entrance, however, differed from the usual, for it was from the neighbouring house, a vestibule between the house of the Blackheads and St. Olaf's Guild hall; more specifically, from the place where later the so-called Lion Portal was built.

After the fire in 1679 the Guild of St. Olaf was disbanded. The buildings, partly reduced to ruins, passed to the Guild of St. Canutus. From 1704 the buildings went into private hands. They were used as storerooms and warehouses. Still from time to time the former guild buildings saw better days. An annex to the Guild of St. Olaf was extensively reconstructed in 1744–1749. The former purpose of the house is even now symbolized by an efficy of St. Olaf in relief decorating the top of the gable. However, the two armorial stones beneath it, with the initials of Gottlieb Burchardt and his wife Dorothea Elisabeth zur Mühlen, testify to the new owners of the house.

In 1806 the vestibule of the Guild of St. Olaf was bought by the Blackheads. The house was still used as a granary. But then in 1834 the ground floor of the house was rebuilt – the part next to the street being turned into a billiard room and the part next to the yard into a dining hall. The vaulted hall of St. Olaf's Guild stood partly in ruins as before. One can only wonder at the energy and constant wish of the Brother-

Vestibule between the hall of St. Olaf's Guild and the parlours of the House of the Blackheads. It represents the trend of historical art deco style practiced in the Baltic countries in the 1920s.

Trepihall Oleviste gildi saali ja Mustpeade maja salongide vahel. Esindab Baltimaades 1920. aastatel traditsioonilist ajaloolistele eeskujudele orienteeritud juugendi suunda.

Under the lion portal.
View from the direction of St. Olaf's Guild into what originally was the hall of the Blackheads' House. Historical fantasy of the architect, Ernst Gustav Kühnert.

Lõviportaali all.
Vaade Oleviste gildi poolt kunagisse Mustpeade majja. Arhitekt Ernst Gustav Kühnerti ajaloofantaasia.

The lion portal in front of the House of St. Olaf's Guild. The stones of the 1671 portal were laid in a new fashion in the course of restoration which started in 1921.

Lõviportaal Oleviste gildihoone ees.
1671. aastast pärinevad portaalikivid laoti uuel moel üles 1921 alanud restaureerimise käigus.

111

A fire in the house of St. Olaf's Guild in 1679 ushered in a period of adverse times for the house. Although used at intervals as a storeroom, it was often totally deserted. In 1921 one of the first jobs was to reinforce the pillar supporting the vaults. Photograph from the period of restoration.

Kui Oleviste gildi hoone 1679. aastal põles, algasid seal viletsad ajad. Paremal juhul kasutati maja laona, tihtipeale oli see aga hoopiski maha jäetud ja varemeis. 1921 oli üheks esmaseks tööks saali võlve kandnud piilarite kindlustamine. Foto restasureerimise perioodist.

Star vaults of the hall of St. Olaf's Guild. Photograph taken before restoration in 1921.

Oleviste gildi saali tähtvõlvid. Foto enne 1921. aasta restaureerimise algust.

112

hood to secure itself a place in the history of the town. What else could explain the acquisition of the buildings of its former next-door neighbour. It seems as if the time had come for the descendants of the former shipowners and merchants to finish what had been once begun. The brothers had not been that wealthy even during the flourishing Hansa time. They were the only corporation in Tallinn carrying on everlasting traditions. The only one!

In 1921 the last major period of rebuilding started in the house of the Brotherhood of the Blackheads. That time the man unanimously picked by the bankers, store owners and politicians was Ernst Gustav Kühnert (1885–1961), a devout admirer of the medieval building tradition of Tallinn. His style, which is partly restoration and partly development of the local building traditions, can be felt from the moment one enters the building. While Neo-Renaissance rules in the big hall, the rest of the house is dominated by Jugendstil. The coffered ceiling of dark precious wood and the oak staircase in the vestibule lend the house an effect of solidity, reminding us of a nobleman's true luxury palace. In order to enlarge the vestibule even more, a cloakroom and a porter box were built. The required space was won at the expense of the neighbouring building – the former palace of Axel von Rosen, a prominent figure of the Swedish period. The Blackheads extended their property. In the house everything or almost everything had to accentuate their age-old traditions, their wealth, and their special sense of beauty. It must have been exciting to move from one room to another. From the vesti-

bule on one could enter the ladies' drawing room and boudoir with a big oval skylight built in the place of a former kitchen. Next came the three drawing-rooms built back in Schultz's time, now having the general Jugendstil appearance – soft and slightly graceful in a womanly manner.

Yet the biggest changes took place in St. Olaf's Guild hall itself. It had been in ruins for more than two centuries, its vaults stripped of plaster and cracking, and the pillars aslant. The civil engineer Otto Grohman worked together with Kühnert. At his advice the pillars supporting the vaults were braced with iron rings. The crumbled stone was hidden under concrete. The walls were smoothed and the ceiling painted with azure and decorated with gold night stars, in accordance with the architects's taste.

Even after the house of St. Olaf's Guild had gone into private hands, the doorways at the front and back of the house were walled up at Kühnert's insistence. A massive pillar was built against the front wall to provide support to the vaults. The upper part of the wall was turned into an attic decorated with a 16th century Renaissance column, a gift of the Estonian Literary Society (originally from No. 61, Pikk Street).

A wise choice from the endless variety of past forms, a trend which, in a wider sense, manifested itself in the entire period of Historicism and Jugendstil in the Baltic countries, was characteristic of Kühnert's approach also elsewhere. An original 17th-century column has been used as a mullion in one of the hall windows opening on the yard, while in the other window the mul-

valik üsna üksmeelselt Tallinna keskaega hardalt imetlevale arhitektile Ernst Gustav Kühnertile (1885–1961). Tema osalt restaureerivat, osalt kohalikke ehitustavasid edasi arendavat lahendust tunneme kohe pärast majja sisenemist. Nagu neorenessanss suures saalis, domineerib ülejäänud majas juugend. Vestibüüli tumedast väärispuidust kassettlagi ja tammepuust trepp mõjuvad soliidsena, viies mõtted tõelisele aadli luksuspaleele.

Selleks et vestibüüli veelgi avardada, rajati juurde uus garderoob ja portjeeloož. Vaja minev ruum võideti naaberhoone – kunagise rootsiaegse Axel von Roseni palee arvelt. Mustpead laiendasid ennast. Kõik või peaaegu kõik pidi majas rõhutama nende igipõliseid traditsioone, rikkust ja valitud ilumeelt. Võis olla tore liikuda ruumist ruumi. Vestibüülist pääses kunagise köögi asemele ehitatud suure ovaalse laeaknaga daamide salongi ja buduaari. Sealt edasi avanesid veel kolm juba Schultzi ajal juurde rajatud salongi, mis nüüd said juugendlikult pehme ja pisut naiselikult graatsilise üldilme.

Kõige suuremad muudatused leidsid siiski aset Oleviste gildi saalis. Juba kolmandat aastasada seisis see lagunenuna, võlvid krohvist paljad ja pragunenud, piilarid viltu vajunud. Kühnertiga koos töötas ehitusinsener Otto Grohman. Tema näpunäidete järgi toestati võlve kandvad piilarid raudvõrudega. Murenenud kivi peideti betooni alla. Seinad tehti taas siledaks ja lagi värviti arhitekti maitse kohaselt taevassiniseks ning kaunistati kuldsete öötähtedega.

Kühnerti ettepanekul suleti ka vahepeal esi- ja tagafassaadi murtud ukseavad. Vas-tu fassaadiseina ehitati võlvide toetamiseks massiivne piilar. Seina ülemine osa kujundati ärkliks, mis kaunistati Eesti Kirjanduse Seltsi poolt kingitud 16. saj. renessanssvormides sambaga (pärineb hoonest Pikk tn. 61).

Tark valik minevikuvormide lõpmatult mitmekesisest galeriist, milline suund laiemas mõttes iseloomustas kogu historitsismi- ja juugendiperioodi Baltimaades, iseloomustab Kühnerti lähenemist mujalgi. Ühel saali õuepoolsetest akendest on kasutatud 17. sajandist pärinevat originaalsammast, teisel kohaliku kujuri Goldbergi raiutud imitatsiooni. Kogu ruumi ümbritseb tume väärispuidust paneel. Saali peaukse ette ehitati nn. Lõviportaal, mis Kühnerti sõnul pärines 1671. aastast ning kingiti mustpeadele Nottbeckide perekonna poolt. Ometi veenab meid põguski pilk sellele portaalile: kunagise hansalinna kohta on selle vormid liigagi kaunid. Pigem on arhitektil Oleviste gildi saali uue peasissepääsu vormistamisel meeles mõlkunud kauge Itaalia ja Firenze eeskujud.

Nii olid mustpead jõudnud tagasi sinna, kust nad kunagi algasid. Euroopa ja sealne kõrgkunst kangastus neile kauge unistusena. Tallinna mustpead püüdsid kinni viimase päikesekiire, enne kui see kustus pikaks ajaks pilkases öös. 1940. a. juunipöörde järel lakkas Mustpeade vennaskond tegutsemast. Eesti liideti Nõukogude Liiduga. Aasta hiljem algas II maailmasõda.

lion is an imitation hewn by a local sculptor, Goldberg. The entire room is surrounded by a panel in dark hardwood. The so-called Lion Portal which according to Kühnert dated from 1671 and was a gift to the Blackheads from the Nottbeck family, was built in front of the main entrance into the hall. However, even a brief glimpse at the portal reveals its forms as being too beautiful for a former Hansa town. While designing the new entrance the architect must have had examples in distant Italy and Florence in mind.

So the Blackheads had come back to where they once began. Europe and its eminent schools of art loomed to them as a distant dream. The Blackheads of Tallinn had caught the last sunbeam before it died in a long pitch-dark night. After the coup d'état in 1940 the Brotherhood of the Blackheads ceased to function. Estonia was annexed to the Soviet Union. A year later World War II began.

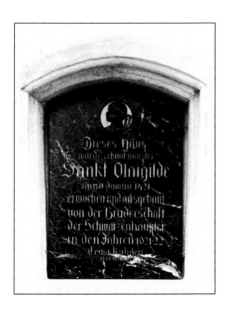

St Olaf's Guild hall. Console supporting the transverse arch, representing Tallinn's age-old stone-laying tradition.

Oleviste gildi saal. Vööndkaart toetav konsool. Esindab vormilt Tallinna igipõlist kivimeistrite traditsiooni.

Tablet commemorating the restoration of St. Olaf's Guild hall, on a wall of the hall.

Oleviste gildi hoone restaureerimist jäädvustav mälestustahvel saali seinal.

115

*Hall of St. Olaf's Guild
(1418-22), a masterpiece
of the Tallinn version of high
Gothic, before the last
restoration in the second half
of the 1980s.*

*Oleviste gildi saal
(1418–1422) – Tallinna
kõrggooti arhitektuuri
meistriteos – enne viimast
restaureerimist 1980. aastate
II poolel.*

Hall of St. Olaf's Guild. – Oleviste gildi saal.

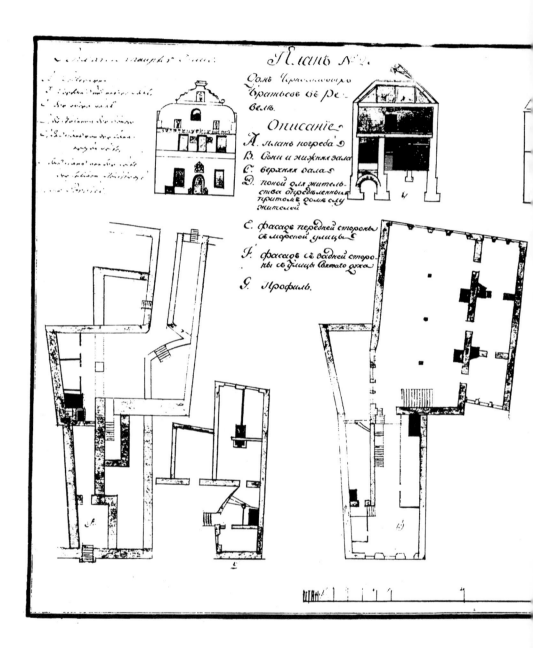

Ground plan of the House of the Brotherhood of the Blackheads. – *Mustpeade maja plaan.*

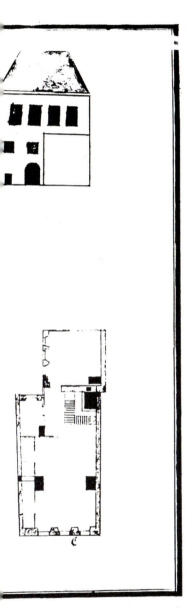

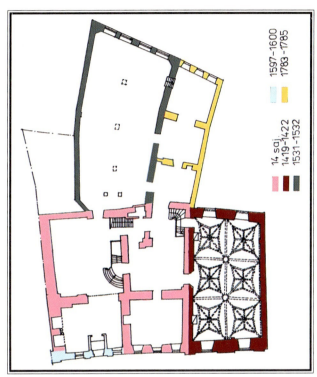

14 saj.	1597–1600
1419–1422	1783–1785
1531–1532	

Architectural development of the House of the Blackheads.
Mustpeade maja ehitusliku kujunemise skleem.

Mustpeade maja täna

Astume Mustpeade majja täna. Siseneme Pika tänava poolt. Läbi kitsukese Musta Mauri embleemiga ehitud peaukse jõuame poolhämarasse, pisut salapäraselt mõjuvasse vestibüüli. Meist paremat kätt jääb Oleviste saal. Treppi mööda pääseme keldrisse ja õuele. Otse edasi astudes jõuame saali. Siin on valgust, värvi ja päikest. Tunneme end nagu Tallinna südames – tema mineviku ja oleviku südames ning ometi kaugel siit ära. Veel täna sädeleb ruumis midagi tema kaugest minevikust – inimeludest ja kunstist, mis koos lubavad end käesoleva hetke toimetustest pisutki lahti mõelda, mille kauge kuma ja mälestus muudavad isegi hingamise ühtäkki kergemaks.

Mustpeade vennaskond asutati 1399. 1961. aastast tegutseb see taas Hamburgis.

Mustpeade maja, mida sõja järel pikka aega kasutati noorsoo kultuuripaleena, restaureeriti Toivo Miksoni, Aet Maasiku, Kalli Hollandi projektide ja nõuannete järgi Poola restaureerimisfirma PKZ poolt. 1990. aastast on Tallinna Mustpeade hoone uksed lahti kõigile tallinlastele ja Tallinna külastajatele. Vennaskonna majja tullakse jälle, siin võib kuulata head muusikat ja vahel koguni tantsida. Tihtipeale on majas rahvarohke. Kevaditi – kunagisi maikrahvi pidustusi meeles pidades – kogunetakse maja ette, et siit kirevas rongkäigus raekoja eest läbi siirduda linnast välja parkidesse ja aasadele.

The House of the Blackheads Today

We enter the house of the Blackheads today. We enter it from Pikk Street. Through the narrow main door decorated with the emblem of ther Black Moor we come into the semi-darkness of a little mysterious-looking vestibule. Directly ahead is the big hall. It is flooded by light, colour and sunshine. We feel we are actually in the heart of Tallinn, the heart of its past and its present... and still far away. Even today the room radiates with its past – with the lives of its people and art which together allow us to forget our everyday worries and think of other things; and their distant glow suddenly makes us breathe more lightly.

The Brotherhood of the Blackheads was founded in Tallinn in 1399. Since 1961 it has been active again in Hamburg.

The house which after the war had been used for a long time as the recreation centre for young people was restored according to drawings by and on the advice of T. Mikson, A. Maasik and K. Holland by the PKZ restoration company of Poland.

From 1990 the doors to the Tallinn house of the Blackheads are again open to all people and visitors of Tallinn. It is a place to listen to good music and to dance.

Every year in spring, in a revival of the popular medieval May Count festivities, people gather in front of the house of the Blackheads in order to move from there in a gay procession to the parks and green areas outside the old town.

Kronoloogia
Chronology

TALLINN

Eestlaste linnuse Toompeal vallutas Taani kuningas Valdemar II	– 1219 –	Estonian citadel on Toompea is conquered by King Waldemar II of Denmark
Tallinnas kehtestati Lübecki linnaõigus	– 1248 –	The Lübeck Charter is enforced in Tallinn
Tallinn hakkab osa võtma Saksa hansalinnade päevadest	–1284 –	Tallinn began to take part in the meetings of the Hanseatic League
Visby langus, mis pani aluse Tallinna tõusule	– 1361 –	Fall of Visby. It ushered in Tallinn's rise to prosperity
Reformatsioon Tallinnas	– 1524 –	Reformation in Tallinn
Liivi sõja ajal (1558–1583) alistus Tallinn Rootsi kuningale Erik XIV–le	– 1561 –	During the Livonian War (1558–1583) Tallinn surrenders to King Erik XIV Sweden
Põhjasõja (1700–1721) ajal alistus Tallinn Vene tsaarile Peeter I-le	– 1710 –	During the Great Northern War (1700–1721) Tallinn surrenders to Tsar Peter I of Russia
Tallinnas kuulutatakse välja Eesti Vabariik	– 1918 –	The Republic of Estonia is proclaimed in Tallinn
Juunipööre. Tallinn ja Eesti allutatakse Nõukogude Liidule	– 1940 –	Coup d'état. Tallinn and Estonia are made part of the Soviet Union
Eesti Vabariigi taaskehtestamine	– 1991 –	Re-establishment of the Republic of Estonia

MUSTPEADE VENNASKOND
THE BROTHERHOOD OF THE BLACKHEADS

Tallinna mustpead eralduvad Suurgildist	– 1399 –	The Blackheads of Tallinn separate from the Great Guild
Mustpead saavad Tallinna raelt privileegid ja tegutsemisjuhendid. Pika tänava äärset maja kasutatakse esialgu üürilepingu alusel	– 1407 –	The Tallinn Town Council ratifies the regulations of the Blackheads. At first the house in Pikk Street is used on the basis of a lease
Tulekahju Mustpeade majas	– 1500 –	Fire in the house of the Blackheads
Mustpeade ja tollase majaomaniku J. Vianti vahelises üürilepingus mainitakse hoones Tallinnas harva esinevana elutoa (*dornse*) peal asuvat saali	– 1522 –	A hall over the living room (*dornse*), quite uncommon in Tallinn, is mentioned in a lease contract between the Blackheads and the owner of the house, J. Viant
Mustpead omandavad Pika tänava äärse maja päriseks. Rajatakse suur renessanss-stiilis saal	– 1531 – 1532 –	The Blackheads purchase the house in Pikk Street. Building of the big hall in the Renaissance style
Suur ümberehitus. Hoone fassaad ehitatakse ümber Madalmaade manerismi vormides. Arhitekt ja skulptor on Arent Passer (? – 1637)	– 1597 – 1600 –	Major rebuilding. The facade of the house is rebuilt along the principles of Dutch mannerism. The architect and sculptor is Arent Passer (?–1637)
Mustpead ostavad juurde kolm Pühavaimu tänava äärset aidaruumi, mille asemele Jenast pärinev arhitekt ja stukimeister Johann Schultz (1768–1782 Tallinna kodanik) ehitab kolm varaklassitsistlikus stiilis salongi	– 1783 – 1785 –	The Blackheads buy three warehouse rooms along Pühavaimu Street; the stucco man and builder Johann Schultz from Jena (1768–1782 Tallinn citizen) into three drawing-rooms in the early Neo-classicist style

Jätkub hoone rekonstrueerimine Johann Schultzi juhtimisel. Vestibüüli ehitatakse avar peatrepp ja teisele korrusele uus söögisaal	– 1793 – 1794 –	Reconstruction of the house is continued by Johann Schultz. A big staircase is built in the vestibule and a new dining room on the first floor
Mustpeade majas eraldatakse kaks tuba raamatukogule	– 1830 –	Two rooms in the house of the Blackheads are assigned for a library
Hoone keldritesse rajatakse linnarahvale avatud lokaal	– 1834 –	A restaurant for the townsfolk is built in the basement of the house
Rajatakse keeglisaal – esimene Tallinnas	– 1881 –	A skittle hall is built – the first of its kind in Tallinn
Arhitekti ja Baltimaade kunstiajaloo ühe parema tundja Wilhelm Neumanni (1849– 1919) juhtimisel ehitatakse renessanss–stiilis suur saal ümber neorenessanss–stiilis	– 1908 – 1911 –	The Renaissance big hall is rebuilt in the Neo-Renaissance style by the architect Wilhelm Neumann (1849–1919) one of the best art critics in the Baltic countries
Arhitekt Ernst Kühnerti (1885–1961) juhtimisel rekonstrueeritakse vestibüül ja selle kõrval asuvad ruumid juugendstiili retrospektivistlikus vaimus	– 1921 – 1922 –	The vestibule and adjacent rooms are reconstructed by the architect Ernst Kühnert (1885–1961) in the retrospective spirit of Jugendstil
Mustpeade vennaskond lõpetab Tallinnas oma tegevuse	– 1940 –	The Brotherhood of the Blackheads in Tallinn ceases to operate
Registreeritakse Tallinna Mustpeade vennaskond taas Hamburgis	– 1961 –	The Tallinn Brotherhood of the Blackheads is again registered in Hamburg
Mustpeade Tallinna maja restaureerimine ja kapitaalremont (arhitekt Toivo Mikson)	–1984 – 1990 –	Restoration and extensive repairs of the Tallinn house of the Blackheads (architect Toivo Mikson)

OLEVISTE GILD
THE GUILD OF ST. OLAF

Oleviste gildi kinnistut mainitakse esmakordselt kirjalikes allikates	– 1341 –	First mention of property of St. Olaf's Guild in written sources
Suure saali ehitus	– 1419 – 1422 –	Building of the big hall
Tulekahju. Gildihoone hävib tules. Pooleldi varemetes maja läheb Kanuti gildile	– 1679 –	Fire destroys the Guild hall. The partly ruined building passes to the Guild of St. Canutus
Oleviste gildihoone ostab raehärra ja bürgermeister Christian Thieren	– 1704 –	St. Olaf's Guild hall is bought by the alderman and burgomaster Christian Thieren
Gildihoone ja tema kõrvalhoone ümberehitus aitadeks	– 1747 – 1749 –	Rebuilding of the guild hall and its annex into warehouses
Mustpeade vennaskond ostab kõrvalhoone	– 1806 –	The annex is bought by the Brotherhood of the Blackheads
Kõrvalhoone alumisele korrusele rajatakse piljardituba ja puhvetiruum	– 1834 –	A billiard room and a buffet are built on the ground floor of the annex
Mustpeade vennaskond ostab kunagise Oleviste gildi hoone	– 1919 –	The former St. Olaf's Guild hall is bought by the Brotherhood of the Blackheads
Arhitekt Ernst Kühnerti (1885–1961) juhtimisel restaureeritakse ja osaliselt rekonstrueeritakse Oleviste gildi saal ja eeskoda (kõrvalhoone)	– 1921 – 1922 –	The hall and the vestibule (the annex) of St. Olaf's Guild are restored and partly reconstructed by the architect Ernst Kühnert (1885–1961)
Hoonete restaureerimine ja kapitaalremont (arhitekt Toivo Mikson).	– 1984 – 1989 –	Restoration and extensive repairs (architect Toivo Mikson) of the building.

KIRJANDUS
BIBLIOGRAPHY

F. AMELUNG.
Geschichte der Revaler Schwarzenhäupter.
Reval 1885.

F. AMELUNG und G. WRANGELL.
Geschichte der Revaler Schwarzenhäupter.
Reval 1930.

P. ARENDS.
Das Schwarzenhäupterhaus zu Riga.
Riga 1943.

S. KARLING.
Arent Passer. Lisand Tallinna kunstiajaloole. – Vana Tallinn, III kd.
Tallinn 1938, lk. 28–47.

E. KÜHNERT.
Das St. Olaigildehaus zu Reval. – Jahrbuch der Bildenden Kunst. VIII.
Jhrg. 1926, lk. 27–31.

J. MAISTE.
Das Haus der Schwarzenhäupter und die Renaissance in der Baukunst Tallinns.
– Kunst und Architektur im Baltikum in der Schwedenzeit. –
Acta Universitatis Stockholmiensis.
Stockholm 1993, lk. 115–145.

J. MAISTE.
– Tallinna Mustpeade hoonete ehitusloost. – Eesti Ehitusmälestised. Aastaraamat.
Tallinn 1990, lk. 186–211.

E. v. NOTTBECK, W. NEUMANN.
Geschichte und Kunstdenkmäler der Stadt Reval 1904.

H. SPLIET.
Geschichte des rigischen Neuen Hauses, des später sogen.
König Arturs Hofes, des heutigen Schwarzenhäupterhauses zu Riga.
Riga 1934.

G. SUCKALE REDLEFSEN.
Mauritius. Der Heilige Mohr.
München–Zürich 1987.

E. THOMSON.
Die Compagnie der Schwarzhäupter zu Riga und ihr Silberschatz.
Lüneburg 1974.

G. TIELEMANN.
Geschichte der Schwarzen–Häupter in Riga
nebst einer Beschreibung des Artushofes und seiner Denkwürdigkeiten.
Amsterdam 1970. Neudruck der Ausgabe Riga 1831.

L. TIIK.
Tallinna gildidest ja nende kinnistuist. – TRÜ Toimetised, vihik 70.
Tartu 1958.

J. E. PH. WILLIGEROD.
Das Schwarzenhäupter – Korps zu Reval.
Reval 1830.

H. ÜPRUS.
Mustpeade hoone. Tallinna vaatamisväärsused.
Tallinn 1972.